信息安全教学创新与人才培养研究

徐 伟 张天长 著

北京工业大学出版社

图书在版编目（CIP）数据

信息安全教学创新与人才培养研究 / 徐伟，张天长著. — 北京 ：北京工业大学出版社，2025.7重印
ISBN 978-7-5639-7079-7

Ⅰ. ①信… Ⅱ. ①徐… ②张… Ⅲ. ①信息安全－教学研究②信息安全－人才培养－研究－中国 Ⅳ. ① G203

中国版本图书馆 CIP 数据核字（2019）第 236209 号

信息安全教学创新与人才培养研究

著　　者：徐　伟　张天长
责任编辑：李　艳
封面设计：点墨轩阁
出版发行：北京工业大学出版社
（北京市朝阳区平乐园 100 号　邮编：100124）
010-67391722（传真）　bgdcbs@sina.com
经销单位：全国各地新华书店
承印单位：三河市元兴印务有限公司
开　　本：710 毫米 ×1000 毫米　1/16
印　　张：11
字　　数：220 千字
版　　次：2021 年 10 月第 1 版
印　　次：2025 年 7 月第 4 次印刷
标准书号：ISBN 978-7-5639-7079-7
定　　价：45.00 元

前　言

培养符合国家和社会需要的优秀信息安全工程创新人才，是高校信息安全专业的重要任务，要实现这个目标，必须要对目前的信息安全教学进行创新。信息安全专业是一门新兴的交叉学科，具有很强的应用性和工程特性。实践性教学在信息安全专业的教学中有着不可替代的地位。培养创新型人才，是当前高等教育提高教育质量的重要战略之一。创新型人才的培养，离不开教学实践环节，通过建设全方位的创新实践教学体系可以有效地提高学生在信息安全方面的创新能力、实际动手能力和分析问题的能力。然而，相对于英美等发达国家，我国信息安全教学方法所培养的信息安全人才缺乏一定的创新意识和创新能力，因此无法满足社会的需求，从而制约了信息安全产业的发展。如何在新的形势和挑战下，促进和加强面向创新能力培养的信息安全专业教学方法改革，推动信息安全专业拔尖创新人才培养工作已成为当务之急。

本书针对信息安全教学创新与人才培养的研究，以信息安全教学方式的创新与培养信息安全人才为出发点，结合我国高校信息安全教学创新与人才培养的需求特点，对信息安全教学中的信息安全管理、大学生网络信息安全、我国信息安全教育现状、信息安全教学方法创新以及技术人才培养理论与实践等方面进行研究与分析。在信息技术不断发展的环境下，本书着重分析信息安全教学方法的创新以及人才培养，并且提出了具体的实施策略，进而提高学生信息安全的创新能力，培养创新型人才。

在撰写的过程中，笔者吸收了部分专家、学者的一些研究成果和著述内容，在此对他们表示衷心的感谢。由于笔者水平有限，书中难免会有疏漏，恳请广大读者批评指正！

目 录

第一章　信息安全教学中信息安全管理研究

信息安全教育是我国素质教育重要的一环。提升公众信息安全的教育水平，无论是对公众自身的发展，还是对保障我国国家安全，都具有重要意义。近几年，国家出台了多项加强信息安全技术研发、推进信息安全保护水平发展的政策措施，高校逐渐重视信息安全教育并开展相关学科建设工作，公众对信息安全教育的认识日益提高。我国信息安全教育得到了良好的环境支撑和政策保障，取得了长足的进步和发展，但是依然存在不足之处，这造成如今我国信息安全教育依旧弱势的局面。由于我国信息安全教育还处于发展期，缺乏更翔实的调研结果和实践经验，因此在今后的学习、生活中笔者还会继续深入地研究这个课题，关注最新的研究结论，同时也希望能通过此次的探讨，为加强和改进我国信息安全教育、保障我国信息安全提供有参考性的变革思路。

第一节　大数据时代信息安全教育

“大数据是移动互联网之母”，大数据是继云计算、物联网之后IT行业又一颠覆性的技术革命，作为一柄“双刃剑”，大数据带来社会生活方式、生产方式乃至人类思维方式的全新革命，在为我们提供精准分析的便利的同时，也在一定程度上解构和颠覆了某些既有的观念和制度。随着大数据技术的成熟和发展，大数据的应用越来越广泛。在现实生活中个人信息在各种数据终端之间进行数据的传输时，常发生数据的外泄，给公众带来经济上和精神上的损失。此外，个人信息安全遭受威胁和挑战，也必然带来社会和国际层面经济、政治、法律、文化方面的影响和变化。在大数据时代，筑牢意识形态防线、保障信息安全亟待引起人们的高度重视和警觉。因此，要持续改进大数据时代信息安全教育的方法和路径，培养专业信息安全人才，开展形式多样的信息安全宣传教育活动，积极推动信息安全实践活动。

一、大数据概述

（一）内涵

大数据（Big Data）的含义是“海量数据”，是指数据的规模已经大到了现在的工具和技术无法运行和处理的境遇，而为了突破现有的技术和理论瓶颈，必须对数据进行多元化的收集、整理、分类、存储、分析、预测和输送等，虚拟的互联网世界使得数据网络化，也最终促使了大数据的诞生，从而能引发数据革命。简单来说，数据就好像人体的血液，而所谓的大数据就是整个人体系统当中与血液相关的部分。天文学和基因学领域是最先开始对大数据进行科学研究的，主要原因在于这两个学科特别依赖数据分析方法，尤其是依赖于“海量数据”的分析与研究。

经过近几年的研究和发展，大数据的内涵也得到了丰富。NetApp（Network Appliance）认为大数据包括分析（Analytic）、带宽（Bandwidth）和内容（Content），即通常说的“ABC”三大要素。而在大数据的特征的描述上，则呈现了“百家争鸣”的态势。IBM（International Business Machines Corporation）和IDC（Internet Data Center）认为大数据要满足“4V”，即多样化（Varity）、大量化（Volume）、快速化（Velocity）以及真实性（Veracity）或价值属性（Value）的特征。多样化是指当今社会产生的数据复杂化趋势增加，除了传统的关系型数据之外，公众打开的网页、搜索的关键词、微博朋友圈的更新、日志的分享、聚餐的自拍和打车时位置的定位都成了大数据的一部分；大量化则无须多言，现在每年社会产生的数据量都在以空前的速度增长；快速化包含两方面内容，一是大数据产生的速度快，全球短短一秒钟产生的数据量也是惊人的，二是大数据的利用要快，如果不能在短时间内分析出结果，而在限定的时间内又产生了新的大数据，那么正在研究的大数据就已经失去了价值。数据信息的时效性决定了大数据处理的快速性，现在社会发展速度越来越快，对于数据处理速度的要求越来越高，只有快速、便捷的大数据处理信息系统才能适应新形势下经济社会发展的基本需求。但在第四个“V”上两家观点存在分歧，IBM认定的是真实性（Veracity），而IDC认为是价值属性（Value），这两家信息技术和业务解决方案公司对大数据的界定具有一定代表性，得到了学术界的认可。

大数据的“大”并不单指数据规模大，而在于通过对大量数据的整合分析，发现其中蕴含的价值，从而创造出大的知识和大的发展。显然，不管大数据到底有没有一个明确的定义，它都会革命性地改变数据来源、处理和思维的方式，颠覆过去的数据管理方式。

（二）大数据的发展

人类历史至今发生过三次工业革命，经历了从蒸汽时代到电气时代，再到现在的信息时代的变迁。如果说前两次工业革命，中国失去了机会，那么信息技术则为中国弯道超车和民族复兴提供了把手和动力。中国希望自己的网络基础设施和网络应用达到世界领先水平，在国际上拥有网络话语权、关键信息技术上自主可控、网络安全上牢不可破，并且能打赢未来战争的信息战。

如今，互联网已经普及开来，已经慢慢地、潜移默化地渗透到公众的日常生活中去。与此同时，包括物联网技术和移动网络以及其他网络终端设备也在不断涌现、发展，现实生活中产生的数据量爆发性增长，数据充斥在我们的工作、学习以及生活当中，以几何级数的速度从海量到无穷大，毫不夸张地讲，数据已经淹没了我们生活的世界。这些经过精心的系统整合的数据形成大数据，量变引发质变，逐渐展现出其时代价值，以显性或者隐性的方式，存在于全球的每一个角落，这是一种蝴蝶效应，大数据以此对全社会的每一个领域变革产生深远而重要的影响。就像一位学者指出的“数据是信息化时代的‘石油’，大数据产业将成为未来新的经济增长点”。

不可否认，大数据时代的到来，给企业、个人带来了诸多便利。比如，商家可以通过网络来销售产品，而消费者可以通过网络购物，这种商业模式大幅度降低了商品交易的时间和资金成本，实现资源的优化配置。但是，网络空间也成为各路“黑客”攻击的主要目标，这又给大数据的产生、发展以及应用造成了致命的冲击。由于大量的信息都储存在大数据库系统中，信息资源泄露的风险也大幅增加，与传统的数据存储相比，大数据所储存的数量更大、价值更高，因此更加容易被黑客、病毒“盯梢”。一旦这些信息被泄露，就会对正常生活造成影响，严重者甚至于会给他们带来巨大的经济损失，因此数据安全问题显得越发关键。

互联网的普及和发展为“大数据时代”的到来奠定了坚实的基础，“大数据时代”的到来给我们的生活带来了革命性的改变，但是由此引发的信息安全问题也要引起足够的重视，安全性是保障大数据更好发展的前提。

二、大数据时代信息安全面临的挑战

（一）数据虚拟化加大数据泄密威胁

如果数据是财富，那么大数据就是宝藏，而数据虚拟化术就是挖掘和利用宝藏的利器。绝大部分的大数据的来源是人和传感器，数据收集的主要目的是从浩如繁星的数据中提取出有价值的信息，其中包含目标群体浏览的网页、社交媒体里的个人信息和言论及运动手环等智能设备监测到的心跳、血压等数据。大数据的基本用途具备一定的价值，而更大的价值来自大数据的二次利用。

近两年，随着我国智能手机市场的火爆，手机 App 迎来爆发式发展，手机商务 App 用户年增长超过 60%，远超其他手机应用增长幅度。大量消费者通过网上商城购买商品，就给网站提供了海量的真实信息，包括电话、身份、地址以及手机号等重要的个人隐私。百度云网盘、115 网盘、360 网盘等分享式云存储产品是数据虚拟化的典型应用，为广大网民提供了存储资料的空间。公众的私人信息源源不断汇入大数据的海洋里。如今，无论是亚马逊、淘宝、京东还是苏宁易购，这些购物网站都会根据用户过去一段时间的购买或者搜索行为，推荐给你“恰好”感兴趣的物品，有针对性地推荐产品或进行广告营销；新浪微博、贴吧、大街或者人人网等社交媒体根据用户的教育背景和活动地点定位，向用户推荐“你可能感兴趣的人”和“你可能认识的人”；公安干警通过对嫌疑人网络上的行为记录进行分析，预判违法犯罪行为即将发生的时间和地点，保障人民生命财产安全，将犯罪扼杀在萌芽当中。毫无疑问，这些都是通过对数据源里的数据进行分析获得的，有些行为确实给人们生活提供了方便，但是我们也必须清醒地认识到，对这些数据的分析有些并没有得到当事人的允许，所以用户的隐私被侵犯了。

随着数据的虚拟化的发展，数据泄密的风险大大增加。近年来，网易用户数据库疑似泄露，影响到网易 163、126 邮箱过亿数据，泄露信息包括用户姓名、身份证号码、电话号码、家庭住址等信息。近年来频繁出现的网络诈骗事件，几乎都与第三方交易平台泄露个人数据信息有着直接的关系。

大数据时代的到来，毫无疑问，无论是对个人还是企业都有巨大的好处。举例来说，企业通过淘宝销售自己的商品，而消费者在家用电脑便可以轻松购物，商品交易的时间成本和资金成本都明显降低了，这对资源优化配置目标的实现起到了促进作用。祸福相依，大数据库系统中储存的大量的信息也明显增加了用户信息资源泄露的风险。存储的这些私密信息如果遭到泄露，就会严重影响公众的正常生活，甚至会导致人身伤害或者巨大的经济损失。因此，数据安全问题显得越发关键。

（二）大数据成为攻击信息安全的“高级载体”

“大数据时代”是在互联网逐渐普及时到来的，互联网的快速发展使得“黑客”把攻击的主要目标锁定在网络空间上，严重冲击了大数据的产生、发展以及应用。大数据储存与传统存储相比，存在数量更大、价值更高的特点，因此更加容易受到黑客的关注。目前，“并发平行”的大数据数据库系统架构特点使得准确确定所有的数据节点以及完成数据访问客户的认证非常困难，因此，在现实操作中，不限制用户访问的开放式管理模式是最普遍的形式。

大数据没有内外部数据库区别的特点，决定了它无法隐藏用户私人数据，数据完全开放，这就显著节省了黑客攻击的时间成本、资金成本，从而使他们能够持续、反复地攻击选定的“大数据目标”，非法获取大量的信息资源，信息安全隐患大大增加。大数据的快速发展，也导致大量的数据开始集聚，如果要解决大数据整理、处理、分析的技术“瓶颈”，不断地进行技术革新是大数据发展的必然选择，大数据的多线程、分布式以及存储技术在为普通民众或者企事业单位创造价值的同时，也拓宽了黑客实施网络攻击的渠道，给信息安全带来了巨大的潜在威胁。

在传统的数据库管理中，在应对潜在风险方面，通常实行对单个时间点的实时性、匹配性检测方式，检测的成功率和准确率都比较高。而目前大数据时代已经到来，高级可持续攻击（APT）迅速崛起，这种攻击针对性强、目标明确、攻击时间长，严重影响大数据的安全。与一般攻击方式不同，APT 是一个持续的、复杂的过程，根本难以展开实时性检测。另一方面，大数据的价值密度低的特点使得黑客的攻击目标增多，现有的安全防护工具很难集中于某个价值点上，高汇集度的海量信息不可避免地加大了有用信息泄露的风险，也增加了黑客攻击成功的概率。与此同时，这种特性使得海量的大数据里隐藏木马和病毒的概率大大增加，严重挑战了我国提供信息安全服务和分析的网络运营商与企事业单位；同时，海量数据当中隐藏的敏感数据通常缺乏保护措施，这使得大数据成为活生生的靶子，比如，隐藏木马病毒的设置会影响安全厂商检索、提取相关信息，从而使得这些厂商所提供的信息安全服务严重偏离正确的方向，形成巨大的信息泄露的“漏洞”，泄露单位、个人大量的、有价值的信息，造成信息安全隐患。

（三）信息安全教育环境仍需优化

健康发展的信息安全产业可以为信息安全人才培养提供充足资金，打造一流教育实践基地，是信息安全教育稳定快速发展的保障；信息安全教育的稳定快速发展有利于培养更高端的信息安全人才，为信息安全产业提供最先进的技术，助推信息安全产业的更好发展。信息安全行业的快速发展离不开信息安全教育提供的人才、技术支持；信息安全教育的稳定发展也离不开信息安全行业资金的支持和环境的创设。蓬勃向上的产业环境和一流的信息安全人才是我国信息安全教育得以稳固发展的前提，二者缺一，信息安全教育便会举步维艰。

1. 信息安全产业发展不够成熟

随着信息安全产业越来越受到社会的重视，我国信息安全产业迎来了快速增长的态势，不断加快信息安全技术、产品和服务的创新步伐，促进行业资源整合的竞争不断加剧，产业整体迈入稳步上升阶段，但是由于政策不到位、技术根基浅和发展起步晚等原因，我国信息安全产业还不够成熟，在政府政策实施效果、产业生态环境优化、技术标准完善和规模企业发展上都存在不少问题。

在政府政策方面，为了促进安全产业更快更好地发展，我国已经先后发布了大量对安全产业利好的政策，但是跟以美国为代表的信息安全行业发达的国家相比，政策的深度和广度还有所欠缺，政策的落实效果也只能说差强人意，主要表现在如下几个方面。一是在美国、德国和以色列等信息安全产业发达的国家，发布的政策会深入具体地阐述政府需求，对安全产品的技术参数有着明确的规定。与此相比，我国的政策对国家需求的阐述模糊不清，不能为企业的运营提供明确指导。二是西方国家政策的发力点在信息人才培养与政府和企业合作上，积极运用各种政策手段，开展相关技术竞赛，拓宽政企合作渠道。而我国并没有对这些促进产业发展的政策的重要性有足够的认识，推行重大措施的力度不大，这也就阻碍了安全产业经济地位的提升，不利于提高我国信息安全产业人才的素质。三是欧美国家的安全企业非常关注政府政策，对政策的理解和运用水平相当高。我国企业对国家宏观政策大多缺乏深入理解，不能通过对国家政策的理解为自己扩大规模找到帮助，因此，虽然我国在产业政策数量和针对性方面不落下风，但在最终的实施效果上大打折扣。

在产业环境方面，我国信息安全产业环境逐年改善，但是与欧美国家相比，在资金支持、行业合作和第三方机构作用上还是有很大不足。一是我国国内安全企业融资方法少，手续繁多，时间成本过高，且得到的支持有限。虽然现在的风险投资目标已经瞄向了这块市场，但是由于受到信息安全行业整体规模小、科技含量低等特征的限制，明显缺乏吸引力，敢于在信息安全产业投资的机构寥寥，难以形成一定的规模。二是第三方机构人微言轻，很少发布报告，不能引导企业进行创新，阻碍了市场的拓展。三是行业协会缺乏影响力和号召力，低价恶意竞争频频出现。英美等信息安全产业发达的国家以产业论坛为平台，增进相互间的合作，引领信息安全技术发展趋势，开拓安全市场，从而增加影响力。相比之下，我国企业虽然热衷于参加协会联盟活动，但是因为各家目标不同，且彼此存在竞争关系，小农思想作祟，不仅无法深入推动信息技术方面的协作共享，还会出现市场失范、恶性竞争等问题。四是，国外信用安全领域相关认证多用来鼓励创新，由行业第三方评定，客观公正。我国的认证管理混乱，存在费时、费钱和回报低等问题，严重阻碍市场发展。

在技术和标准方面，我国近几年取得了长足的发展，但是在创新性、全面性和主导性方面存在不足，跟欧美发达国家相比还处于落后状态。我国在防火墙、安全网关、漏洞扫描、统一威胁、管理等方面的技术发展已经比较成熟，基本上处于业内顶尖水平；在新型的云安全、APT 攻击检测和智能产品安全防护方面还存在不足，产品成熟度、种类、实用性都有待加强。我国在标准研制方面的研究已全面展开，与欧美国家相比，我国在管理类、系统类、跨领域安全标准的研究上还存在明显不足，需要进一步发展和完善。

在规模企业发展方面，我国信息安全企业国际竞争力明显不够，缺少龙头企业。首先，全球网络安全企业排行前五百名中，美国企业占了绝大部分，英国和以色列总数相近，我国只有四家入围，并且前一百名中只有安天（排名95）一家，剩下的三家排名也都比较靠后，勉强入围。其次，企业也不能够为顾客提供满足其特殊偏好的某种独特产品或服务，拉不开层次，缺乏竞争优势。再者，缺乏创新精神。在低价竞争的不良市场中，国内企业舍本逐末，加大对市场销售推广的重视力度，反而舍弃了产品和服务创新。最后，由于薪酬和福利无明显优势，人才快速流失。外企和互联网三强（BAT）对信息安全人才的吸引力明显更高，越来越少的人选择坚守在传统安全企业，一流安全专家越来越少。

2. 高层次信息安全人才缺乏

“二十一世纪什么最贵？人才”。信息安全人才是信息安全建设的核心资源，网络安全建设水平的高低和保障能力的强弱取决于信息人才的数量、质量、结构和作用的发挥。大数据对应用型的科学技术和实践性的管理人才的需求非常旺盛。据市场反馈显示，信息安全分析师可从事各类信息安全系统、计算机安全系统的研究、设计、开发和管理工作，也可在 IT 领域从事计算机应用工作，已经成为当前比较抢手的人才。就目前而言，大城市的银行、金融、证券、政府机关、国家安全部门和通信领域需求较大。然而，大数据在应用和实践的过程中，由于诸多繁杂的数据收集和处理工具以及新技术、新学科，囊括了理科、工科以及部分文科的技术知识，这使得大数据在发展的进程中向着高精尖方向进军，而在全球范围内，大数据研究和应用领域内的信息安全人才却十分稀少。

现在，企业逐渐倾向于要求专业人员有计算机科学和网络安全技术背景，但是网络安全技能差距却越来越大。网络安全的从业者需要对网络安全的整个发展历程有足够的了解，不仅要掌握以前的静态威胁，也要掌握如今的APT，理论和技能双精通的人才非常稀少，政府都很难找到这种人才。目前，我国很少有人专门从事信息安全工作，很多人之前都是网管，通过自学或者培训后才从事信息安全工作。即便是专业信息安全公司也有人员缺乏和人才流失的问题，这导致了在开发、管理和运用等方面人才的不足，严重影响了我国信息安全产业的深入发展，制约了我国信息安全领域的竞争力。因此，信息安全事件频发的今天，必须抓紧建设信息安全人才梯队。

三、大数据时代加强和改进信息安全教育的策略

大数据技术给我国信息安全带来了挑战，因此加强和改进新形势下信息安全教育是一项迫切的理论命题。目前我国学者对这方面的研究刚刚起步，相关的科研成果也比较少，所以即使从教育学研究的角度看，也是开辟了一个新的研究领域。从理论上讲，任何一种新兴技术的崛起都是一种新的、否定性的思维方式和方法论原则，就是以强调差异性存在的思维方式否定强调同一性存在的思维方式。这种否定的实质是把本来具有非制度化的东西从已被制度化的禁锢中解放出来。大数据也不例外，作为一柄“双刃剑”，它带来社会生活方式、生产方式乃至人类思维方式的全新革命，在为我们提供精准分析的便利的同时，也在一定程度上解构和颠覆了某些既有的观念和制度。

（一）完善信息安全法律保障体系

大数据时代的信息整合与挖掘技术是一把双刃剑。一方面，科技改变生活，大数据技术的应用给每一个人带来实实在在的改变。另一方面，不合理地利用技术，又会危及国家和个人的信息安全。因此，若想充分分享大数据带来的红利，完善的信息安全法律保障制度必不可少。

在大数据时代，看似杂乱的信息里包含着巨大的商业价值，成为许多商家觊觎的目标，用户的信息泄露和侵害的风险加大，因此，健全政府的行政监管就显得十分重要。首先，健全监管机构。大数据时代的信息安全形势和以往有所不同，呈现新的特征，即主要通过互联网危害信息安全，这是以往少见的，因此建议国家从信息化部门划分出独立的行政监管机构，专门处理信息安全事件，同时统筹全局，和其他相关职能部门积极配合。其次，严格监管制度。出台信息安全保护标准，严格规范信息掌握者的权利和义务，依法整改信息保护

手段落后的企业，提升管理标准效力。再次，建立专门测评机构。让独立的第三方机构为公众和个人信息安全保驾护航，提供最专业周到的服务。最后，加大处罚力度。遇到破坏信息安全的行为加大处罚力度，将违法行为进行公示，同时拉入“企业黑名单”，在该企业以后的各种资格审查中严格要求，以肃不正之风。

完善的信息安全法规是政府进行行政监管的重要依据和保障，对我国信息安全发展意义深远。首先，可以规范社会秩序，严厉打击破坏公共信息安全的违法犯罪活动，在全社会宣扬信息安全的必要性和重要性，最终为解决信息安全问题提供建设性的力量。其次，可以切实维护公众的合法权益。一方面可以突出信息安全对公众的重要性，从而不断强化公众信息安全意识；另一方面使得广大公众清醒地意识到信息泄露和破坏对自身和他人造成的严重危害，并以此为契机在全社会形成维护信息安全的良好舆论风气。再次，完善的法律法规有利于我国信息安全产业健康发展，信息安全产业健康发展势必又会带动信息安全技术的进步和信息安全技术人才的涌现，形成良性循环。最后，信息安全法律教育是信息安全教育重要的一环，加强信息安全法律制度建设，可以使得我国信息安全领域的教育有法可依，给信息安全教育提供理论依据，为信息安全教育的实行提供基本保障。

（二）技术研发是信息安全教育的重要方向

大数据环境下，仅仅依靠信息安全软件来防护和提高信息安全水平已经不能满足信息安全需要，从技术维度来保护信息安全则需要利用大数据的相关技术。大数据的到来给信息安全带来了新的挑战，也带来了新的机遇。大数据环境下，信息极易成为 APT 的新载体，使 APT 更易隐藏，给信息安全带来严重的威胁。但是大数据同时为应对 APT 带来新的可能。所有的网络攻击都是有迹可循的，APT 在实施网络攻击的同时，也留下攻击记录，这些记录数据都隐藏在大数据当中。利用大数据相关的分析技术进行大数据的计算和整合，可以有效发现 APT 的攻击路径和发起 APT 的源头，降低 APT 对信息安全带来的威胁。

利用大数据技术来提高信息安全水平也是切实可行的。对企业的内部信息进行隔离存储，采取完善的身份识别和访问管理系统，对单个员工分配单一的访问账号和密码。在员工访问企业内部信息的过程中，利用大数据记录对实时操作信息进行实时动态的访问监控，保护企业的信息安全。大数据的财富化导致大量的信息泄露，而泄漏事件来自内部威胁。在大数据时代的信息安全模式中，应当逐渐分化、减弱管理者的权重，利用大数据进行信息的智能管理，用数据管理数据，实现数据本身的自我监控和智能管理。用纯数据的管理模式减少人为操作，可以减少因操作失误和信息篡改等导致的信息安全问题。

利用大数据分析技术来构建管理平台。大数据分析技术是支持这种管理平台的核心技术。因为大数据分析技术可以整合所有信息资源（包括网络、系统和应用）产生的信息安全（包括系统日志、操作日志、网络日志和安全审计、安全告警信息等）并进行实时分析和历史分析，对来自外部的入侵和内部的违规、误操作行为进行审计分析。比如，企业信息安全管理平台是一种以资产为核心，以企业的信息安全事件管理为流程，建立起的实时风险模型。可以协助企业员工进行风险分析、预警管理和应急响应等。企业利用大数据分析技术构建了信息安全管理平台，可以实时监测、了解企业信息安全的薄弱环节，预警相关安全事故的发生，对于提高企业的信息安全水平具有重大意义。

（三）提高信息安全保护意识

第一，政府应该加强对重点数据、敏感数据的监督管理，提升数据管理的有序性、层次性，规避海量有价值的数据信息暴露风险，制定并健全重点领域和重点行业范围内的信息安全操作管理制度、数据库管理制度，从政府层面上采取相应的措施，增强信息安全保护意识。

第二，增强企业信息安全保护意识，从体制上、机制上来规范企业大数据信息资源使用规程。企业在运行过程中，需要努力提高员工的信息安全技能和信息安全素养。正所谓：“玉不琢，不成器。人不学，不知义。”除了在日常工作中营造良好的信息安全文化氛围之外，还需要科学系统的信息安全素质培训。企业在日常运营过程中应该制定信息安全培训制度，加大对员工的信息安全培训力度，定期对培训结果进行考核。对于涉及企业机密信息的岗位和部门，需要重点培训，明确岗位职责，提高信息安全所具备的技能。同时，在培训时还应该增加考核力度，制定有效的奖惩措施，对在培训考核中表现突出的员工应进行奖励，奖惩分明有利于员工在培训过程中努力学习信息安全的技术和法律，并将所学到的知识运用到日常工作中。

第三，增强公众的自我信息安全保护意识。在法律、法规允许的范围内，合法、合规地使用资源的同时，要注重保护个人的“大数据信息”，避免信息泄露。一是提高安全意识。一般而言，公众无论通过什么途径、设备将信息传输到网络上，个人信息都会成为大数据的一部分，因此，公众必须要慎重浏览、登录陌生网站，避免由于操作不当或者浏览载有病毒的网页而成为黑客攻击对象的情形出现，防患于未然；在网站注册需要填写个人重要信息时，要谨慎辨别网站真伪，估计存在的安全风险。二是加强日常学习。平时多关注浏览相关新闻资讯，了解最新的前沿动态，通过先进技术的运用保护个人信息安全，以防止个人信息的泄露。三是养成良好习惯。在网络中减少使用个人真实信息；重要的账户与平时娱乐的账户尽量不使用同一个注册邮箱；经常更新安全软件，查杀电脑病毒，清理暴露网络行为的临时文件；遇到必须提供个人资料的情况时，认真阅读用户须知，明确使用规范和双方责任。四是及时维护权利。当发现个人信息安全遭到破坏时，要立即采取行动，要求对方停止侵害，如果造成一定的经济和精神损失，并且调解不了的，可运用法律手段解决。

第二节　信息安全管理模式——以军事院校为例

随着互联网和信息技术的快速发展，全世界范围内掀起了一场强大的信息革命浪潮，并引发了军事领域信息化革命。世界军事强国信息安全管理工作表明，军队信息化水平越高，危险系数越高，安全管理的标准也就越高，管理难度系数也就越大。如果军队对于信息安全管理工作无法保证，将会给国家和军队安全带来巨大灾难。因此，军事信息安全管理已经成为军队行政管理工作的重中之重。现阶段，我国的军事院校信息化建设取得了长足的发展，军事院校的计算机网络信息系统日益成为教学、科研以及行政管理等工作中重要的信息交换平台和手段。这就要求信息安全管理工作不仅要确保信息能够满足教学科研的需要，更要求信息管理能够使网络信息处于较高的安全级别，确保信息的安全性、保密性、完整性，以应对各种不同的威胁，防止出现任何有损国家利益的泄密行为。

一、军事院校信息安全管理问题分析

军事院校的计算机网络信息系统是教学、科研以及行政管理等工作中重要的信息交换平台和手段，发挥着不可替代的作用。在巨大进步的同时，问题和威胁也相伴而生。军事院校越来越多的信息管理安全事故给国家、社会、军队带来了极大的损失。因此，加强军事院校信息安全管理工作已经成为军队行政管理工作的共识和重点。

（一）军事院校信息安全管理的环境形势复杂

军事院校信息安全环境指的是与军队信息有着密切关系的影响因素、条件

因素和其他外部因素的综合。军事院校信息安全管理环境内容比较多，但从大体上可以简单分为两大类，即军事院校内部信息的隐患和外部信息的隐患。外部环境主要包括国外和国内两个环境。内部环境主要是指院校内部制度、人员、教学等环境。

1. 外部环境形势严峻及军事斗争极为激烈

从国际环境看，构成国际环境的要素主要包括经济、政治和科技三个方面。改革开放以来，随着我国对外交往的扩大、经济的发展，国外情报机构对我国各领域内部重要信息进行窃取，并且方式非常多攻势非常猛，为的就是掌握我国在军事方面发展的重要信息，其具体表现有以下几方面。

第一，通过经济方面的合作来获得重要信息。因为我国的经济在不断地发展，国际交流也开始频繁起来，而一些驻华的外国商人就在打着“经济活动”的旗号，暗地里在搜集情报。

第二，将驻华的事务所作为窃取机密的基地。他们获取情报的主要途径是利用他们的身份和地位方面的优势，开展窃取秘密的活动。

第三，通过旅游的形式搜集相关重要信息。这种方式是比较隐秘的，美国等其他国家一直使用过这种方式。这主要是因为通过此种途径获得的信息是有目的性的，所以可以在短期内取得明显效果。

第四，暗地里勾结我国相关工作者。外国的不法分子通过钱色诱惑、思想拉拢等多种形式来收买、策反我国从事重大军事信息方面的人员来为他们提供情报。

第五，多种高级技术的利用。这种方式主要是指外国的情报部门通过技术侦查来获取我方内部信息资源。

第六，通过日益普及的媒体技术来获取。从事情报方面活动的专家指出，这种通过互联网、电视、报刊的方式是进行情报搜集方式中既安全又经济的方式。在最近的科技成果中，很多都是首先应用到国家安全领域中，比如计算机技术、微缩摄像技术等，其他国家的情报部门在我国设有搜集情报的机构，用于广泛搜集国内社会上的信息，从中找出涉密信息。发达国家使用了最先进的科研技术，在我国建立起了全方位的信息情报网络，并利用卫星等设备将信息传到国外。

第七，通过文化、学术方面的交流形式获取重大军事信息的方式。国外情报机构通过学术和文化方面的交流来掩人耳目。他们通过访问、调研以及实地观察的方式，与我国相关部门的学者进行交流，趁机获取秘密信息。

2. 内部环境客观因素制约较多

第一，政治敏锐性不高。由于长期处于和平稳定的环境中，部分官兵在对待信息安全问题时并不重视，保密意识淡薄，导致了政治敏锐性降低的现象。在对待网络信息时，也很难分辨出那些西方敌对势力发布的伪装的负面信息，缺乏对网络信息的鉴别能力，甚至在舆论的大潮中丧失自己的观点，被西方思想观念和意识渗透，这都是因为平时放松了思想政治教育管理论的学习，导致政治立场不坚定，甚至到最后的变节。

第二，军队内部信息安全管理人员意识淡薄。对于军队的信息安全工作，很多官兵都存在固有的意识，把军队信息安全工作当作简单的工作对待。在工作中，也只是做一些管好文件、管好嘴这样的例行工作。这些工作并没有固定的指标，使得工作人员在做这些工作时拿不出认真严谨的态度，认为做得好与次都一样，并没有硬性的指标。一些工作人员甚至不认为自己的工作存在泄密的危险，所以在处理军队内部保密信息时存在懈怠，将重点放在科研教学任务上，这就容易出现个别人员信息安全意识薄弱的情况，即使他们嘴上经常提及安全问题，提到要抓好安全问题，但是在实际工作中却做不到。一些工作人员没有经过军队信息安全知识的培训，对军队信息安全工作不了解，对高科技领域的保密工作更是一窍不通，根本不能胜任保密工作。

（二）信息安全管理组织部门和人员机构不完善

第一，机构不完善。一些涉密单位并没有在单位内部设置完备的军队信息安全管理机构，没有组建一个专门负责信息安全管理的组织，这就使得军队信息安全管理工作无从开展。即使有一些涉密单位专门设置了负责信息安全管理的机构，但由于运行体制不顺、职能不清，使得机构形同虚设，即使出现了安全问题也无人负责。

第二，缺乏专职军队信息安全管理干部。很多涉密单位的军队信息安全管理人员都不是专职人员，很多干部还兼有其他的职务，这就使得军队信息安全管理工作不被重视。当兼职人员的其他工作繁忙时，便将信息安全管理工作放到一边，这样一来，不仅不能达到信息安全管理工作所要求的专业性，还会使信息安全管理工作处于长期的停滞状态。缺乏专业而又专职的信息安全管理人员，使得信息安全面临巨大的风险。比如，移动存储设备如果缺乏专业人员维护，就有可能遭到损坏；在信息安全管理工作中，如果没有专职人员对文件的收发进行登记，就有可能导致文件的丢失；在进行文件网络传输的时候，如果缺乏人员监管，很有可能导致涉密信息被窃取。可以看出，军队信息安全管理工作不仅需要专职人员来做，还得要求专职人员具有较高的素质。

（三）军事院校师生信息安全意识淡薄

长期以来，军事院校一直在安全平稳的环境中发展，这使得校内从学生到教职工人员的保密意识都淡化了。甚至个别领导干部也是如此，逐渐养成了“有密难保，无密可保”和“和平麻痹”的心理状态，致使信息安全管理方面的问题越来越严重。具体表现在以下几方面。

第一，安全保密意识缺乏。虽然网络具有隐秘性，但是有些教职工人员随意在网上宣扬自己的职务，还有些教职工人员在公共场合打电话或者聊天，使得敏感信息无意间被泄露。有些院校，部分教员、学员防失窃密意识不强，经常出现疏忽大意、思想麻痹等现象，为信息安全建设带来了众多隐患。有的擅自携带秘密文件、载体外出，甚至长途旅行；曾经出现有人甚至将单位旧硬盘带回家中，连接互联网，造成重大失密泄密案件的发生。

第二，缺乏网络信息安全保密知识。很多人对于网络信息安全保密知识知之甚少。在军事院校同其他非军事院校一样，学生将取得高分作为目标，教师以教好学生作为目标，认为那些涉及保密的知识和自己没有多大关系，自己也没有责任和义务对一些涉密信息保密。

第三，从众心理。当身边有很多人都违规时，违规的人便不再认为自己的行为属于违规，就不需要承担违规的责任了。一些教职工人员并没有违规的意识，但看到身边的人将涉密信息随意对待，所以自己也那么做，从而导致更多的涉密信息泄露。

第四，惰性心理。很多教职工人员存在惰性心理，这表现在这些教职工人员在完成一些科研、教学任务时，轻视保密工作，甚至省去了保密环节，这样为了工作效率而简化保密工作的行为致使涉密信息容易泄露，给保密工作带来麻烦。

第五，不良工作习惯。一些教职工人员在工作中对一些不良的工作习惯不加注意和改正，比如私自登录互联网、随意拷贝资料、擅自带资料出院校等行为，给信息安全工作带来巨大隐患。

二、军事院校信息安全管理的问题成因分析

（一）安全管理环境复杂化

人类信息传播走向是以网络技术、多媒体技术和数字技术为特征的网络传播，是由互联网的研发与迅速发展推动所致。20 世纪 90 年代以来，中国成为

世界上互联网用户最多的国家。从网络虚拟环境看，某种程度上，社会“亚文化”的主要制造平台和展示平台也受网络的草根化、个性化、反主流化的影响。与此同时，一些违法、侵权乃至犯罪行为越来越严重地威胁着社会文明和网络信息安全，而这些是因为互联网自身所具有的开放性等特点导致的，才让一些社会敌对分子随意威胁网络信息安全。从现实地理位置看，院校身处“险”境。现今，院校所处环境复杂，周围环境更是多变，由于军事院校的涉密等级高，在这些院校周围也可能有一些外事机构和外国工作人员，即使在学校的内部，因为实行的是后勤保障社会化制度，军事院校内也有社会人员参加后勤工作，这就致使军事院校内部及周围环境开放性增加。开放的学校环境使得学校的保密工作更加难以开展，造成工作中存在大量安全隐患问题。

（二）安全管理人员意识出现混乱

当前，军事院校处于网络化信息化的时代，互联网作为信息传播的工具已经登上了历史的舞台。利用互联网进行思想和观念的传播成为一种常见的现象，在这样的时代背景下，应该正确看待互联网所带来的信息化对军事院校的作用，充分认识到信息化所带来的利与弊。首先，信息化时代的到来给军事院校教育管理带来了极大的便利，互联网的应用以及点对点通信的普及，使得信息的交流变得轻而易举。军事院校改革发展也正借助这条信息化的高逗公路迅猛前进。其次，我们也要看到信息化的另一面，信息化使得信息量爆炸式地增长，而其中的有害信息也有了滋生和传播的机会，一些不利于军事院校管理、国家安全、社会治安稳定的信息在悄无声息地传播蔓延。西方国家也以网络为工具，大量向国内输入资本主义意识和观念，企图在意识形态进行渗透。这些来自西方的意识观念通过美国等大国的先进网络技术而获得了流入军事院校的途径，在国内外各种敌对势力的帮助下扩散传播，并且，这些负面信息大多披着人权、自由等高尚的外衣，使得院校师生对其放松了警惕，使得安全管理人员意识出现混乱，使得军事院校信息安全管理面临着恶势力的攻击。

（三）信息安全管理机制不完善

“三分技术，七分管理”，管理是信息安全的关键。目前，军事院校信息安全管理中各行其是、条块分割和相互隔离的情况相当严重，通信、保卫和机要等部门对信息安全好像都负有责任，但是却没有明确、权威地界定每个部门应该担负的职能，而没有明确管理职能，造成了各部门之间相互推诿扯皮，使国家相关规章制度的贯彻执行受到了影响，造成信息安全管理短缺。当前，军事院校信息安全管理有如下几个容易出现漏洞的地方。

第一，随意拷贝出去。大多数军事院校都拥有校内局域网络。很多校内信息都可以在内部网上获得和下载。其中一些军事院校的政治工作、教学科研等都涉及军队秘密。一些学院中教职员工将亲戚朋友带入学校，并对其下载拷贝内网资料以及浏览涉密电脑的行为毫不在意，甚至少数人将高级别的机密信息擅自放到校内网或者论坛上，使得这些信息泄露。在教职员工使用互联网的时候，不采取安全措施，登录使用互联网，也有可能受到网络攻击，从而泄露电脑中的涉密信息，或者有些教职员工不经过审查将军队的涉密影像资料上传网络，造成泄密。

第二，随口说出去。很多事情都容易通过话语言谈而泄露出来，一些教职员工说话口无遮拦，甚至不分场合和对象，对一些内部情况随意说出，个别教师在授课时将一些不宜公开讲授的涉密信息传递给学生，造成知悉范围的扩散。或者在跟亲戚朋友的交谈中放松警惕，而亲戚朋友又不知道这些信息的保密性，使得信息外泄。除此之外，教职员工还有可能在出版个人作品、接受外界采访、参加会议发言的时候将涉密信息泄露出去。在接受外界媒体采访时将最新的一些研究成果及参数等随口说出，或者是将一些涉密的计划和任务随口告诉媒体记者，使得这些信息经过媒体而传播泄露。

第三，随手带出去。一些教职员工因为工作原因将信息拷贝出来带出学校，这就有涉密信息外泄的风险，还有就是直接将校内的涉密办公设备、移动储存设备等带出学校，带到家中或者其他场所，甚至将这些涉密设备带出国，这都容易导致涉密信息的外泄，从而危害到国家安全。

第四，随意丢出去。对于一些应该及时销毁的涉密文件，院校一般都有专门的人员负责销毁，如果没有将这些涉密文件及时销毁，甚至流入社会，就有可能泄密。这样的行为有以下几种。一是将涉密文件卖给废品收购站，一些干部违规将涉密信息带回家，在收拾家中废弃物时可能将一些涉密文件当作普通纸张或者废弃器具卖给废品收购站。然后这些涉密信息再被不法分子收买回收，从中获得涉密信息。二是将办公文件随手丢到垃圾桶，在一些教职员工办公时，对一些写有涉密信息的文件处理不当，随手丢弃到垃圾桶中，这些涉密文件可能是书面材料，也可以是一些损坏的储存设备，或者是内部报纸等。这些“垃圾”可能流入社会，被人利用而泄露。

三、改进军事院校信息安全管理的对策建议

根据人本原理和系统原理，结合当前军事院校信息安全管理的存在问题和

原因，主要从制度的落实管理、人才和组织建设以及教育等方面对加强军事院校信息安全管理工作提出相关对策和建议。

（一）严格落实和健全制度

军事院校应当建立健全军队信息安全管理制度，需要坚持做到以下三个方面的工作。第一，将安全防范的意识深入人心。定期进行安全防范技术知识讲座，大力宣传安全防范的重要性及必要性，使相关人员始终处于一种高度的警觉中。第二，加强防范的技术基础。军队信息安全室统一安装“三铁一器”，重点部位录像监控，多种局域网物理分开，微机的USB口物理封堵，传输数据均通过单向刻录光盘和局域网络，在办公场所内，统一开设民网网吧，严格控制电子文件的输入输出，涉密移动载体按照“双人双锁”“当天使用，当天归还”的原则，统一由各教研室、学员队的兼职军队信息安全员进行集中管理。第三，建立合理科学的安全防范规章制度。学校根据以往的安全防范经验，结合现阶段的实际情况，建立合理科学的安全防范规章制度。学校的各级领导、管理人员、操作人员都根据自己的职责范围，做好相关的准备工作，集合多方知识及经验，保证能够高效地应对各种棘手的安全问题。

（二）注重人才和组织建设

军事院校的信息化建设也要坚持以人为本，尊重人才的能动性，不断提高信息管理人员的技术能力、职业素养和综合能力，以此来确保信息安全的工作。首先，要进行广泛的宣传活动，拓宽和规范选人渠道，建立长期稳定的人才输送基地，扩大选择面，真正把各类优秀人才吸纳到信息安全管理队伍中来。同时，建立健全合理的人才发展战略，构建有利于人才发展的政策环境，使得人才队伍朝着高素质、专业化的方向发展。其次，要建立严格的人员审查制度，要完善政审程序，积极与安全部门互通信息，采取当面谈话、走访、信函等方式真实全面地了解和掌握信息安全管理人员的现实表现，遵循引导式教育的理念，保证引进人才时有重点、有原则，争取将安全意识强、技能素质高的人才网罗到信息安全建设的队伍中去。防止政治上、思想上不可靠的人员混入管理队伍中。最后，要重视和强化在职与非现役文职人员信息安全教育和管理。

（三）加强信息安全教育

思想认识端正与否是军队信息安全工作的切入点，不断以强化安全意识为目标，建立健全安全意识保障体系，使得院校的信息安全管理趋于完善和成熟。学校强化宣传教育既要注重数量更要注重质量，还需注意调整方式方法，不断提升信息安全管理教育质量。同时，学校工作的制定要严格地按照军队信息安全制度来实施。提高对军队信息安全的认识和重视加强警示教育，切实让广大学生认识到，泄露了秘密信息，不仅会对个人及家庭的生活产生重大的影响，而且会对国家造成无法挽回的巨大损失。通过开展专题报告、党团活动、课堂教育等多种形式，提高信息安全防范能力和意识。通过这些教育措施，国防科技大学的信息安全管理工作取得了明显的成效。加强教育要注重以下三个方面。

第一，要普及信息安全管理的相关知识。采用宣传、倡导、教育等方法使所有相关人员对信息安全有清晰的认识，尤其注重加强国防生、特招生、非现役文职人员等的信息安全意识。还需要正确对待这些群体对院校军队信息安全工作的不利影响，国防生、特招生、非现役文职人员是从地方人才队伍中遴选的优秀群体，虽会给军队信息安全工作带来一定影响，但只要能够认真研究、科学管理，不利影响是可以消除的。因此，军事院校一定要转变观念，正确看待这些群体，有针对性地做好军队信息安全工作。

第二，要加强信息安全管理业务素质教育。院校要明确职责，将自身的目标放在积极培养符合现代化要求的人才，应对信息化时代的需求，提高广大学生的信息安全管理的技能以及相关综合素质上。具体而言，就是要包括信息安全意识、信息安全的基础知识、信息安全技能、信息安全的道德素养、信息安全的法律法规等内容。

第三，要注重网络信息安全教育工作。院校要发挥自身的指导作用，尤其是在网络信息日益复杂的背景下，严格按照国家的相关规定，在职业道德的基础上，培养学员的信息免疫能力，使其能够更好地面对不良信息的诱导，树立正确的信息安全观念。

（四）推动技术创新与管理

加强技术创新。时代在不断发展，应用在不断拓展，技术也在不断进步，信息化建设标准也会不断修正。一方面，从学校建设方面来说，信息化的建设与发展已经和学校的各方各面息息相关，具体包括学校各级部门、各学院、各级团队组织等都建立了局域网，基本上是一人一台计算机，达到互联互通；另一方面，各学院为保障教职员工能够及时掌握所在领域相关技术的前沿动态，确保科研能够顺利进行，都单独设置了能够连接互联网的网吧，专门用来查阅资料。因此，采用什么方法提高网上泄密信息的管控效果，保证全体教师与学生遵守军队信息安全制度，确保相关信息的安全，成为学校信息化建设上不可回避的问题，也是最需要关注的问题。因此，根据当前的实际情况，在坚持信息安全技术产品原始创新的基础上，以发展的观点去审视信息安全的发展，建议应该坚持重点建设四个中心的原则，这四个中心指的是网络监督中心、信息安全评测中心、应急处理中心以及信息安全研究中心。

除此之外，还需要加强对信息安全理论和实践做出贡献的人才的鼓励和支持，为其进行科学研究和试验创造良好的政策环境。可以看到，信息化建设只有开始，没有结束。信息安全技术是使信息安全管理的各项措施方案得以实现的关键，如果不依托先进的信息安全技术，所有的管理体制将无法顺利实施。院校应该保持引进经验和自主创新相结合的方式，以最少的投入，获得最佳的效益为目标，不断探索符合自身实际情况的、可靠性强的信息安全技术，从根本上保证信息安全管理工作的顺利开展。对于信息安全技术的学习和使用，要有全局观念和全球视野，不断吸取发达国家先进的技术和经验，尤其是在网络信息安全技术的薄弱环节上，以自主研发和合作研发的方式，促进信息安全技术持续、有效地进步，保证我国的信息安全技术能够达到国际水平。

第三节　基于高校网络建设的信息安全管理

高校的计算机网络信息系统已成为高校教学、科研、行政管理等工作中重要的信息交换手段，发挥着越来越重要的作用。但是计算机网络在给人们带来方便的同时，也带来了安全问题。计算机网络不但具有开放性、互联性等特性，还存在着技术上的弱点及人为因素，致使网络容易受到黑客、病毒等的攻击。面对计算机网络在安全方面的各种威胁，越来越多的高校在加快建设网络系统的同时，不得不考虑网上信息安全这一重要问题。除了要重视能全方位地处理各种不同的威胁，确保网络信息的保密性、完整性和可用性、使校园网既能向广大师生开放又能适应教学、科研和管理的需要，同时还要加强信息安全管理机制的建设和信息安全管理体系的建立，这样才能保证网络信息的安全。

一、信息安全管理相关理论

（一）信息安全管理的定义

信息安全管理是指最高管理层利用它来监督执行层在信息安全战略上的过程、结构和联系，以确保这种运营处于正确的轨道之上，提供管理程序、技术和保证措施，使管理者确信商业交易的可信性；确保信息技术服务的可用性，能适当地抵抗不正当操作、蓄意攻击或者自然灾害，并从这些故障中恢复；确保拒绝没经授权访问重要的机密信息。其目标是确保信息及信息系统的安全运营，确定 IT 目标以及实现此目标所采取的行动。

缺乏良好信息安全管理机制的组织，也就是说缺乏健全的制度安排，因而不可能有很好的信息安全管理体系，进而也不可能取得信息化的成功。同样，没有信息安全管理体系的畅通，单纯的管理机制也只能是一个美好的蓝图，而缺乏实际的内容。就目前我国信息化建设的现状而言，无论是信息安全治理，还是信息安全管理都是我们所迫切需要健全的。

（二）信息安全管理的重要性

在当今科技时代，信息是一个国家最重要的资源之一，信息与网络的运用是 21 世纪国力的象征，但无论是从国家竞争力、组织再造还是国防战备来说，今日正面临着层出不穷的事件的挑战。

新浪科技新闻：从事网络安全的美国因特网安全系统公司（ISS）于美国当地时间宣布，在伯克利因特网域名（BIND）软件发现了三个新漏洞，这三个漏洞容易引发针对大多数域名服务器（DNS）的拒绝服务（denial of service）攻击。其中一个漏洞甚至允许进攻者在易受攻击的电脑上运行程序，ISS 漏洞研发组的领导人丹·英格瓦尔德森（Dan Ingevaldson）指出，该漏洞与引发红色代码病毒的漏洞处在相同的严重级别，因为攻击者可以利用这个漏洞散发蠕虫病毒。

计算机世界网消息：微软公司称，要获得更高的安全性能，用户需要升级到最新版本的 Windows。微软公司的技术总监克莱格·蒙代（Craig Mundie）表示，广大客户继续使用以前版本的 Windows，而不是 Windows 2000 和 Windows XP，大大削弱了微软公司为确保全球计算基础设施安全所做的努力。他说，对以前版本的 Windows 进行改进，提高其安全性是不可能的。克莱格·蒙代指出，微软公司被称为“可信赖计算”的计算机安全计划还需要较长一段时间才能实现。他说，他担心用户会因安全问题而对计算机失去信心。

（三）信息安全管理体系的特点

1. 信息安全管理体系特点之一——全程管理

信息安全的基本原则是“七分管理，三分技术”。在 ISO17799 的十大控制要项中有七项是与管理相关的，而只有三项是与技术相关的。这也从侧面说明了“信息安全不仅是技术过程更是一个管理过程”。

2. 信息安全管理体系特点之二——全员参与

信息的安全完全不同于传统意义上的安全，它不仅仅是 IT 部门的责任，而是信息安全人人有责。事实上，每一个人每天总是在围绕着信息而展开各项工作的。企业中每一名员工都在每天的工作中生成、更新和使用着信息。这些信息可以以纸质介质、电子文档等多种形式存在，同时又可以以多种方式在企业之间和企业内部被传递邮寄、远程电子传输、口头传达等。信息是组织中的血液，它与每一名员工紧密相关，每一名员工都应不断提高信息安全意识，并有责任和义务对企业的信息安全负责。只有每个人都遵守科学的管理制度，才能有效地避免因不安全的行为产生的不安全后果。信息安全体系基于网络安全技术，涉及现代企业管理制度，它要求组织中的每一名员工都参与进来。

3. 信息安全管理体系特点之三——与时俱进

信息安全管理不是一成不变的，也是要在实践中不断发展和完善的。由于网络具有开放性、安全具有相对性，我们必须认清网络的脆弱性和潜在威胁，同时，随着新技术、新应用的出现，信息安全管理体系必定要不断进行修正、补充和完善。

（四）如何建立信息安全管理体系

BS7799 作为信息安全管理领域的一个权威标准，是全球业界一致公认的辅助信息安全管理的手段，该标准的最大意义就在于它给管理层一整套可“量体裁衣”的信息安全管理要项，一套与技术负责人或在高层会议上进行沟通的共同语言以及保护信息资产的制度框架，这正是管理层能够接受并理解的，而一旦出现信息安全事件，IT 部门负责人就想到要采用最先进的信息安全技术，如购买先进的防火墙等，客观上让人感觉到 IT 部门总是在花钱．这是管理层难以理解和不接受的。

BS7799 管理体系将 IT 策略和企业发展方向统一起来，确保 IT 资源用得其所，使与 IT 相关的风险受到适当地控制。该标准通过保证信息的机密性、完整性和可用性来管理和保护组织的所有信息资产，通过方针、惯例、程序、组织结构和软件功能来确定控制方式并实施控制，组织按照这套标准管理信息安全风险，可持续提高管理的有效性并不断提高自身的信息安全管理水平，降低信息安全对持续发展造成的风险，最终保障组织的特定安全目标得以实现，进而利用信息技术为组织创造新的战略竞争机遇。

组织可以参照信息安全管理模型，按照先进的信息安全管理标准（BS7799

标准）建立组织完整的信息安全管理体系并实施与保持，达到动态的、系统的、全员参与、制度化的、以预防为主的信息安全管理方式，用最低的成本，达到可接受的信息安全水平，从根本上保证业务的连续性。

二、高校信息安全管理的评价方法

高校作为高等教育机构，是国家人才培养的重要基地和科学研究中心，可根据其办学质量、效率、科研水平以及为社会输送人才的质量等来衡量其水平。总体来说，有效的信息安全管理机制会给高校带来社会效益和经济效益。这些效益体现在对教学、科研、行政管理提供安全稳定的网络环境和交流平台，降低管理费用，提高办公和教学效率等方面。随着国家信息化水平的整体发展，高校也在信息建设方面加大了投入，高校的教学、科研、行政管理乃至教师和学生的生活都离不开信息和网络。信息时代给教育管理带来快捷、方便的资源共享等优势的同时，也不可避免地带来了网络信息安全的威胁。一旦网络系统遭到攻击并造成瘫痪，整个学校的教学和管理将无法正常进行，其损失和不良的社会影响是难以估量的。

（一）高校信息安全管理的满意度评价

高校信息安全管理具有可评价性，且存在满意度。高校信息安全管理的满意度具有客观存在性。在网络信息安全管理的纵横推进过程中，不同的国家和不同的学校在不同的时间跨度会做出不同的选择，或路径的差异，或范围的宽窄，或速度的高低，引出不同的高校信息安全管理的效益，这在一定意义上揭示了高校信息安全管理满意度存在的客观性。

1. 高校信息安全管理满意度的含义

高校信息安全管理满意度是指高校在推进信息化过程中，依据时间维度和经济效益维度对信息安全管理的路径、范围及速率所做的满意选择效果。从信息化角度而言，市场经济也是信息经济。置身于信息化经济时代的学校，不论其信息化程度高低、范围大小、形式如何，作为实现教育信息化的主体——高校，也就或多或少地存在信息安全因素，且在信息安全管理的路径、范围及速率上存在巨大选择性空间。因此，在高校信息安全管理的多种选择空间中，高校信息安全管理满意度是一种客观存在。

2. 高校信息安全管理满意度与成熟度的关系

高校信息安全管理满意度与成熟度是密切相关的。信息安全管理的成熟度级别越高，意味着高校的信息安全管理工作已经开始有规律地、有效地执行一个结构化的、组织范围内的风险评估流程，并且对可能出现的风险有早期警告机制和一套完整的、有序的处理方案以及日常维护流程。这样可以避免发生安全事故后造成经济损失和学校声誉这种无形资产的损失，从而降低了信息安全管理的成本，提高了信息安全管理的满意度。由此可见，每一个信息安全管理成熟度级别与信息安全管理满意度是相对应的，信息安全管理的成熟度级别越高，其满意度也越高；反之则越低。

3. 高校信息安全管理满意度的衡量指标

高校信息安全管理一般体现在：在设置信息安全的要求和信息安全方针的前提下，明确了信息管理的范围，并且在对信息安全风险进行评估之后确定其风险区域，选择正确的控制方式实施控制，做好详细的信息安全管理记录。高校信息安全管理满意度是可以衡量的，主要有两大指标：高校信息安全管理成本和高校信息安全管理收益。高校信息安全管理成本是指高校为保证信息安全而付出的各种费用总和，高校信息安全管理收益是指高校在保证信息安全过程中所获取的各种收益之和。一般而言，高校信息安全管理成本越低、高校信息安全管理收益越大，则高校信息安全管理满意度越高；反之，则越低。

4. 高校信息安全管理满意度的研究

高校信息安全管理满意度的确定，是由高校信息安全管理成本和高校信息安全管理收益决定的。高校信息安全管理成本由三类指标体现和反映：信息安全软硬件装备程度、信息安全管理费用（包括宣传、制度建设、培训等）、专职信息安全管理人员配备程度。

高校信息安全管理收益可以通过高校信息安全管理水平与学校管理费用的降低率、办公效率、信息资源利用率、对辅助科学研究的作用、教学信息化等方面的相关度来体现和反映。高校信息安全管理成本与高校信息安全管理收益是综合反映高校信息安全管理情况的两类重要指标，对以上两者的综合比较即可确定高校信息安全管理满意度。

从以上抽象的理论分析看，高校信息安全管理最满意度是存在的。但是，在现实中由于各种作用相反因素错综复杂的影响，实际上高校信息安全管理最满意度是不容易实现的，现实中达到的高校信息安全管理最满意度，是在一定时限内所能达到最低信息安全管理成本、最大信息安全管理收益的高校信息安全管理满意度。在进行高校信息安全管理目标模式构造时，我们要以高校信息安全管理满意度评价为理论基础加以设计构建。

（二）高校信息安全管理的评价方法

传统的信息安全管理基本上还处在一种静态的、局部的、少数人负责的、突击式、事后纠正式的管理方式，导致的结果是不能从根本上避免、降低各类风险，也不能降低信息安全故障导致的综合损失。实际上，信息安全在某种程度上，总是与处理风险和管理风险相关的。在很多信息安全管理专家的头脑中，信息安全实践的起点是风险分析。

信息安全管理是管理风险的先发过程。先发过程与组织在发生突发事件之后采取行动、保护其信息资源的应对方式不同，信息安全管理是在危害发生之前就采取行动。在应对方式中，安全性的总成本是未知的：信息安全总成本 = 突发事件成本 + 预防措施成本。

组织在突发事件发生之前没有采取任何行动，不能衡量突发事件可能造成的损失，所以突发事件成本是未知的。正确的计划和风险管理即使不能完全抵消突发事件的成本，也可以大大地减少它。如果组织在突发事件发生之前采取了正确的措施预防，使风险得以避免或减低或转嫁，那么信息安全成本将变为：信息安全成本 = 预防措施成本。

这里所指的预防措施是信息安全管理包括的内容。通过对信息安全的有效管理和标准化管理，减少信息安全的成本，也就是提高了信息安全的收益，从而提高信息安全的总体满意度。

三、改进高校信息安全管理的建议

（一）建立信息安全框架及安全组织机构

从战略视角来看，信息安全是一项包括技术层面、管理层面、法律层面的社会系统工程，延伸开来还应该包括观念和文化层面，如从文化意义上构建信息技术的行为准则，培育网络空间的道德规范。安全组织机构职能包括建立健全组织体系，明确负责安全管理的主要领导、主管部门、技术支持部门和宣传、保卫部门，制定系统安全保障方案，实施安全宣传教育、安全监管和安全服务。在大多数高校，网络中心是信息安全的主管部门和技术支持部门，身兼管理和技术两项职能，但学校往往赋予网络中心的只有技术支持的职能，没有真正意义上的管理职能，出现安全事故只解决技术问题，遗留的很多问题就得不到明确的解决。而信息安全不是产品，它是一个完整的过程。作为一个过程，它有人、技术、流程这三个组成部分，这些组成部分匹配得越好，过程进展得越顺利，这就亟须建立健全统一指挥、统一步调的强有力的信息安全管理机制。因此，高校应该建立专门负责信息安全管理的组织机构，该组织机构由学校主要领导挂帅，并由技术部门和管理部门的人员构成，其中包括网络中心的负责人，并由网络中心负责各部门间的协调和联络，真正发挥这类机构的作用，制定安全政策和策略以及一系列体现安全政策的规章制度并监督执行。

从人力资源的角度看，由于西部地区高校的校园网建设和发展都比较滞后，很多高校的网络中心都是近几年新成立的部门，普遍存在校园网建设任务繁重、技术和管理人才缺乏的矛盾。学校应该重视网络中心的人力资源配置工作，引进高层次的技术人才和管理人才，分别负责网络建设、管理和维护、信息资源建设、信息安全管理等工作，做到分工明确、责任到人，这样才能使信息安全管理得到人力资源上的保证。

（二）加强信息安全的思想认识培养

加强对师生员工的信息安全意识和安全教育。网络中心应充分发挥其管理职能，与学校保卫处、学工部、校团委等相关部门协调配合，积极在全校范围内开展有关信息安全的宣传活动，邀请信息安全方面的专家对师生员工进行安全培训，定期举行关于信息安全的学术报告等，将安全意识扩展为一种氛围，努力提高和强化学校内的信息安全观念意识，确立信息安全管理的基本思想与策略，加快信息安全人才的培养。这就将焦点从强制性的安全策略转换为自主接受的安全策略，这也是实现信息安全目标的基本前提。

（三）确保信息安全得到成熟有效的技术保证

环境的动态性决定了信息安全工作将是一个长期的、无止境的攻防与挑战，因此必须确保所使用的安全产品在技术上是成熟的、有效的。高校网络系统安全，从技术角度来说，主要涉及网络通信系统的保密与安全、操作系统与数据库平台的安全、应用软件系统的安全等三个方面。对网络系统进行科学的安全分析，结合具体应用，将上述三个方面密切结合，在网络信息系统中建立一整套安全机制，实现从外到内的安全防护。

第二章　信息安全教学中大学生网络信息安全研究

从理论价值来说，网络信息安全教育作为高校安全教育的重要内容，也是高校思想政治教育的重要组成部分。研究大学生网络信息安全教育，有助于丰富大学生安全教育方面的内容，完善高校安全教育的内容，扩充大学生网络信息安全教育体系，丰富和发展大学生思想政治教育的理论体系。对网络信息安全教育进行研究，就大学生而言，能帮助大学生更为深入地了解网络信息安全教育中的法律规范和制度，帮助大学生树立正确的世界观、人生观、价值观，同时强化大学生提高网络信息安全意识，进而增强网络操作技能和能力，提高他们自我保护的能力和对网络陷阱的鉴别能力，使他们自己不因网络而受到侵害，促进他们身心健康成长；就高校教学工作而言，有助于加强高等院校对网络信息安全教育的重视程度，有助于高校加大对学生正常教学、科研及生活秩序的管理力度，从而维护高校安全稳定，构建和谐大学校园。

第一节　大学生网络信息安全教育概述

随着科技的快速发展和网络时代的迅速到来，人们在学习、工作中使用的工具发生了深刻的变化。过去主要使用的纸质版的东西被数字化的东西取代，网络化、虚拟化的内容成了整个社会的新潮流。网络社会在改变人们生活的同时也给人们带来了一定的困扰，如网络中推销假冒伪劣产品、传销分子利用网络进行宣传和推广、大学生网络购物而被骗钱、大学生网络交友被骗等，使人们的生活受到了困扰。大学阶段大学生的世界观、人生观和价值观处于形成和趋向成熟的关键时期。面对网络中的利益诱惑，部分学生容易迷失自己，动摇已经树立的价值观和世界观，听从犯罪分子的命令和要求，在网络中进行一些违法犯罪的活动，最终使得自己陷入了无底的深渊。因此，对大学生进行网络信息安全教育是非常有必要的。

一、对核心概念的界定

（一）信息

信息论是一门用数理统计方法来研究信息的度量、传递和变换规律的科学。它主要是研究通讯和控制系统中普遍存在的信息传递的共同规律以及研究最佳解决信息的获限、度量、变换、储存和传递等问题的基础理论。

信息论的研究范围极为广阔。一般把信息论分成三种不同类型：狭义信息论是一门应用数理统计方法来研究信息处理和信息传递的科学，它研究存在于通信和控制系统中普遍存在着的信息传递的共同规律，以及如何提高各信息传输系统的有效性和可靠性的一门通信理论；一般信息论主要是研究通信问题；但还包括噪声理论、信号滤波与预测、调制与信息处理等问题；广义信息论不仅包括狭义信息论和一般信息论的问题，而且还包括所有与信息有关的领域，如心理学、语言学、神经心理学、语义学等。

尽管从不同的角度出发对信息存在不同的定义，但是信息的一些基本性质还是得到了共识。普遍性：只要有事物的地方，就必然存在信息。信息在自然界和人类社会活动中广泛存在。客观性：信息的客观现实的反映，不随人的主观意志而改变，如果人为地窜改信息，那么信息就会失去它的价值，甚至不能称之为“信息”了。动态性：事务是在不断变化发展的，信息也必然随之运动发展，其内容、形式、容量都会随时间而改变。时效性：由于信息的动态性，一个固定信息的使用价值必然会随着时间的流逝而衰减。可识别性：人类可以通过感觉器官和科学仪器等方式来获取、整理、认知信息。这是人类利用信息的前提。可传递性：信息是可以通过各种媒介在人与人、人与物、物与物等之间传递。可共享性：信息与物质、能量显著不同的是，信息在传递过程中并不是“此消彼长”，同一信息可以在同一时间被多个主体共有，而且还能够无限的复制、传递。

（二）安全

人类的整体与生存环境资源的和谐相处，互相不伤害，不存在危险隐患。安全可以从广义与狭义的角度去阐释，狭义的安全，就是人类个体与周围环境的相容性。相容性很好的话，表明生存环境非常宽容，人们幸福安康娱乐休闲富足。广义的安全则是指人类的生存环境——地球的生态安全，包括来自宇宙的多种复杂的天文危险隐患的识别。安全可以通俗地理解为无危为安，无损为全。人们可以理解为政治安全、经济安全、文化安全、国际安全、区域安全、民族安全，还有常见的企业安全等。

（三）信息安全

目前我们正处于网络信息时代，网络的高速发展为人们带来诸多便利的同时，也存在很多问题。其中信息安全就是一个大难题，关于信息安全的类型主要分为以下几类：物理安全、网络安全、系统安全和应用安全。物理安全又称为实体安全，是保护计算机设施、设备（网络及通信线路）等免遭自然灾害或在有害气体和其他类型事故中不受损坏的措施和过程；网络安全指网络所有信息的安全，也就是网络中保存与传送的数据，不受偶然或恶意的破坏、更改和泄露，网络系统能够正常运行，网络服务不中断，保障网络安全使用的典型技术包括密码技术、防火墙技术、入侵检测技术、访问控制技术、虚拟专用网技术、认证技术等；系统安全主要指的是计算机系统的安全，而计算机系统的安全主要来自软件系统，包括操作系统的安全和数据库的安全；应用安全是指应用程序使用过程和结果的安全，它是定位于应用层的安全。应用安全包括 Web 安全技术、电子邮件安全等。

（四）网络信息安全

网络信息安全涉及计算机技术、信息化技术、应用数学技术、通信技术等多门学科。从广义的角度来看，网络信息技术是指对网络系统中的相关软件、系统以及涉及的相关数据库、资料等加以维护，使这些数据、资料不会出现泄漏的情况，进而保证网络系统的正常运作。从狭义的角度来看，网络信息安全是指通过一系列先进的网络信息技术和各项措施，规范和保障网络信息安全，保障网络中涉及的相关信息不被恶意破坏或者非法使用。

（五）大学生网络信息安全教育

大学生网络信息安全教育是指由高校的管理者、教育工作者以社会主义核心价值观作为指导思想和依据，对大学生网络信息安全的法律规范、使用网络的各种能力等方面进行指导和教育，使大学生逐渐形成网络信息安全使用的意识、增强对网络陷阱的识别和自我保护意识，最终目的在于帮助大学生更好地适应网络社会。大学生网络信息安全教育主要包括两方面的内容：其一是基础法律规范等理论性知识的教育；其二是安全使用网络的能力教育。尽量避免大学生因自身意识、能力不足而导致不安全因素殃及自身的现象出现。

二、大学生网络信息安全教育的本质属性

本质是指一个事物本身所固有的、与其他事物相区别的根本属性。大学生网络信息安全教育的本质属性包括三方面的内容：实践性、主体性和社会性。

（一）实践性

实践是人类改造客观世界的一切物质性活动。大学生网络信息安全教育的实践性是指在对大学生进行网络信息安全教育的过程中，改造他们的客观世界的物质属性。网络信息安全教育实践性的本质是指学生通过对网络法律规范和道德规范知识的学习，帮助自己在使用网络过程中自觉遵守网络法律规范和道德规范，形成良好的、安全的网络行为的特殊属性。我国自古对道德教育最为关注。如我国的教育家朱熹等，非常强调实践在道德教育中的重要性。当今社会中，网络已经进入了大学生的生活、学习和娱乐之中，为了提高在网络时代中学生的道德规范，不仅要对网络方面的理论知识进行教育，更为重要的是强调学生在网络活动中真正获得的道德知识和价值。大学生网络信息安全是新时期的教育主题。改造大学生客观世界是大学生网络信息安全教育的本质之一。

（二）主体性

主体性是指个体在参与实践活动中表现出来的能力、作用等。大学生网络信息安全教育是为了提高大学生在网络活动中的能力和作用，所以这种教育形式的本质之一便是主体性，主要表现在：第一，网络社会的到来，拉近了大学生群体中人与人之间的距离和关系。大学生可以通过网络形成流动的共同体，大学生摆脱了现实社会中的种种约束，在网络的世界中获得了更为广泛的自由，由此也使得网络中出现了各种价值观之间的冲突。而当代大学生拥有个性鲜明的性格，在价值观上的表现也不相同。在网络社会中为了避免不必要的冲突，大学生网络信息安全教育要求学生形成一定的自我约束力、对善恶真假的判断能力，要积极主动运用网络道德规范约束自己的行为。第二，在网络信息安全教育中，大学生既是教育客体，也是教育主体。我们更需要确定教育的主体是大学生。如果没有准确地、清晰地认准教育主体，那么将会出现一种信息安全教育的强制灌输，最终导致大学生对这种教育形成产生排斥。网络最早出现在西方国家，之后才逐渐进入我国，所以我国传统社会对网络信息安全教育方面

的内容是缺失的。网络出现后，其双向互动性让大学生成了网络社会主要的参与者，所以对大学生进行此方面的教育是必不可少的。

（三）社会性

社会性是指人们在参与社会活动中表现出来的利于社会发展的特性。社会性是教育的根本属性，它通过文字和语言来进行。教育从生产劳动中分离出来后，担负起独立的社会职能，成为专门传递社会生活经验和培养人的活动，最终目的是使人社会化。大学生网络信息安全教育关系到一个国家、社会、家庭、学校等的稳定性和安全性。从表面来看，大学生网络信息安全教育的主体是大学生，但从深层次方面的研究来看，大学生是一个高校的学生，是一个家庭中的一员。对大学生进行网络信息安全教育还要体现在高校、教师和家长等方面相关的教育。学校和教师在学生学习和生活中扮演着教育者和监督者的角色，而家长是学生生活上的管理者和监督者。对于大学生网络信息安全教育不仅要对学生进行理论和实践方面的教育，同时教师、家长等也需要参与其中，真正起到监护和教育的作用。由此可见，社会性也是大学生网络信息安全教育的本质体现。

基于以上分析来看，实践性是网络信息安全教育本质的基础，是社会性和主体性的条件，社会性和主体性是对实践性的反作用，是主观对客观的反作用。三者之间存在一定的相互关系。

三、大学生网络信息安全教育的特点

大学生网络信息安全教育与其他的网络信息安全教育有一定的差异性，其具有独立的特点，具体包括以下几方面。

（一）主体的虚拟性和平等性

网络已经成了大学生平时生活和学习中的重要组成成分。部分大学生每天除了上课、吃饭，剩余的时间都在上网。“低头族”就是由于每天忙于上网而出现的称呼。越来越多的大学生喜欢上网，主要由于大学生在网络中处于一种虚拟化的状态，同时网络上人与人之间是平等的。主体的虚拟性和平等性是大学生网络信息安全教育的首要特点。其一，主体的虚拟性。现实社会中，每个人都是真实存在的。而在网络社会中，每个人的身份是虚拟的。每个人在网络中都会有自己的昵称，这个昵称可能与自己真实身份一致，但也有可能不一致。另外，网络中人们的一切活动都是虚拟的。打开电脑，想干什么事情都可以干；

关上电脑以后，网络上发生的一切已经完全消失了。主体的虚拟性还表现在人格的虚拟性，网络上人们的人格与现实中是不同的。由于网络上主体具有虚拟性，实施大学生网络信息安全教育时出现了一定的难度。其二，主体的平等性。在真实生活中，由于不同人的社会地位不同，所以无形地将人们分为了三六九等。但网络社会中，人与人之间是平等的，即使在现实生活中自己是一名工人，到了网络世界中，可以变成其他自己想要成为的角色。所以网络为人们提供了一种平等的、宽松的氛围。大学生网络信息安全教育的特点同时体现在主体的虚拟性和平等性两个方面。主体的虚拟性是形成平等性的前提，正是由于主体之间角色不真实，所以才能体现出平等性特点。

（二）过程的开放性和自由性

网络使用在我国的开放和推广力度非常大，主要由于网络具有开放性和自由性的特点，吸引了越来越多的人参与到网络社会之中。其一，过程的开放性。由于网络社会中法制、规范等对网名的约束力度不大，所以，人们在使用网络过程中能够感受到前所未有的开放感。其二，过程的自由性。在现实社会中，人们受到法律、道德等制约和限制，人们感觉到自己的自由受到了束缚。但在网络社会中，从思想、观念到行为等都是自由的，不会受到法律制度的限制，所以充分体现出了自由性。针对网络使用过程的开放性和自由性特点，大学生网络信息安全教育也要充分体现出开放性和自由性。使用过程的开放性和自由性是大学生网络信息安全教育的重要特点。对大学生实施教育的过程，既要帮助大学生提高网络安全意识和各项防范能力，也要充分体现出一定的自由性。如果管理和教育过程过于严格，可能会使学生产生反感，而失去了教育的意义和价值。过程的开放性和自由性相辅相成，使用过程的开放性体现出自由性；同时过程的自由性又反衬出开放性。

（三）方式的灵活性和多样性

方式的灵活性和多样性是大学生网络信息安全教育的基本特点。对大学生进行网络信息安全教育的方式和途径非常多，如可以通过独立的网络安全教育课程进行教育，也可以与思想政治教育课程、计算机课程等相融合进行教育。不同的教育方式对学生产生的教育作用是不同的，如独立地开设网络安全教育课程，不论在理论还是在实践方面都可以进行全方位的教育。而网络信息安全课程与思想政治教育课程相融合后，学生可以将网络信息安全的内容与思想政治内容相结合理解，将网络信息安全作为思想政治教育内容中的一部分，逐步提高大学生网络信息安全意识的同时，提高他们的道德素养、法律素养以及网络信息安全素养。计算机课程与网络信息安全教育的融合，帮助学生从计算机操作方面对网络信息安全的知识进行学习，具体了解哪些是病毒，如果遇到病毒应该如何处理，电脑被黑客攻击后应如何处理等知识。不同的教育方式，学生学到的知识也不同。方式的灵活性是多样性的条件，多样性是灵活性的结果和归宿。由于方式不具有固定性，所以可以采用多种方式进行教育。

在大学生网络信息安全教育过程中，要根据学生在网络信息安全中遇到的问题和难题等，灵活并主动地选用不同的方式，同样也可以采用多样化的方式进行教育。

以上三个方面分别从主体、过程和方式对网络信息教育特点进行了简明扼要的分析。三个特点连成一个有机体。主体的虚拟性和平等性是具有的特点，是过程的开放性和自由性、方式的灵活性和多样性形成的基础，也是前提条件。过程的开放性和自由性、方式的灵活性和多样性又彰显了主体的虚拟性和平等性。三者共同构成了网络信息安全教育的特点。

四、大学生网络信息安全教育的内容

内容指事物内在因素的总和，与“形式”相对应。教育内容是教育者与受教育者共同认识的教育客体。教育内容的重要源头是现实的社会生活。大学生网络信息安全教育的目的在于针对网络社会对大学生的影响，提高大学生的网络信息安全意识和道德意识、网络信息使用能力和辨别能力，帮助大学生合法、科学、合理地使用网络信息的过程。目前不论是国内还是国外，学者们对大学生网络信息安全教育内容的探究很多。代表性的观点有两种：第一种是将大学生网络信息安全教育的主要内容分为两种，一种是理论化的教育，另一种是实践化的教育；第二种是将大学生网络信息安全教育分为三方面的内容，除了第一种观点包含的内容之外，还包括网络信息道德教育。

学术界对大学生网络信息安全教育内容问题所进行的研究不断地深入，使该部分内容得到了充实。从另一个新的视点出发，将大学生网络信息安全教育内容从横向的角度进行划分，分为网络信息素养教育、网络法律规范教育和网络信息安全防范技术教育。

（一）网络信息素养教育

网络信息素养教育是一种旨在根据网络社会环境，培养和提高人们的网络信息意识、网络信息道德、网络信息应用能力、网络信息的组织创新能力，并激发人们不断创造性地使用网络信息的教育活动。当前，国内教育界、图书馆情报界的专家学者关于网络信息素养教育的构成的讨论一直在继续，比较有代表的观点是：两点论和三点论。所谓两点论，即认为网络信息素养教育内容包括网络信息意识教育、网络信息能力教育。所谓三点论，即认为网络信息素养教育内容包括网络信息意识教育、网络信息能力教育、网络信息道德教育。通过信息素养教育可以增强学生的网络信息意识，培养学生的网络信息能力。其目的是提高学生网络信息意识以及获取、整合、评价、创造性使用网络信息的能力。

（二）网络法律规范教育

大学生网络法律规范教育就是指对大学生进行网络规范的知识、内容等常识性教育。大学生网络法律规范教育主要包括以下几点：其一，网络法律规范理论化知识教育。网络法律规范知识包括网络中最基本的法律知识、相关制度知识等。大学生要使用大量的网络工具和信息，需要掌握足够的网络法律规范知识和内容，为规范使用网络工具和信息奠定扎实的基础；大学生如果掌握不好网络法律规范知识，就容易出现迷茫。其二，网络法律规范实践、使用知识。大学生除了要掌握理论方面的知识，还需要掌握网络法律规范实践、使用方面的知识，即面对不同网络信息的涌现，大学生知道如何规范自己的行为，在网络信息中减少不安全因素对自身的侵犯和伤害。

（三）网络信息安全防范技术教育

大学生网络信息安全防范教育是指强化大学生在生活学习环境中，对网络上不安全因素的敏感性，从而使大学生在复杂多样的网络信息中做出正确的判断、分析的教育过程。

在网络信息化时代，为了提高大学生在捕捉、使用网络信息方面的安全性，不仅要以提高大学生网络信息素养教育为基础，网络信息安全防范技术教育也是另外一个重要部分。网络信息安全防范技术教育主要包括课程内容设置的完善、净化校园周边环境、构建家校合作机制等三种形式。大学生只有适应当前网络信息安全形势，才能有效利用网络信息给学习和生活带来的积极作用。随着网络信息时代的到来，有效使用网络信息技术获得知识对大学生是非常重要的。例如，一名网络信息安全防范技术较强的大学生与另一名网络信息安全防范技术较差的大学生相比，前者能够在网络信息中搜索到自己所需要的知识；而后者却没有把握网络信息、捕捉信息的机会。

虽然在论述的过程中，分别对网络信息素养教育、网络法律规范教育和网络信息安全防范技术教育逐一地进行了分析，但在大学生网络信息安全教育中，以上三个部分是一个整体，共同构成了网络信息安全教育的全部内容。

五、大学生网络信息安全教育的原则、路径和方法

大学生网络信息安全教育必须坚持一定的原则，掌握正确而有效的途径和方法。

（一）大学生网络信息安全教育的原则

原则是做某件事或解决某个问题或在某个领域里不能离开的禁止性规定。网络信息安全教育的原则就是教育者向受教育者进行网络信息安全教育时，必须遵循的行为准则。

大学生网络信息安全教育的原则包括融合性原则、层次性原则、针对性原则和互动性原则。

其一，融合性原则。网络信息安全教育与学生的思想政治教育、素质教育等都是一脉相承的。所谓融合性，就是遵循人的思想发展规律，将大学生的思想政治教育和网络信息安全教育有机结合起来。融合思想政治教育和网络信息安全教育的各种因素和中介，用潜移默化的形式循序渐进。这就要求在对大学生进行网络信息安全教育时，还需要与思想政治教育和素质教育相融合，不仅让学生认识到网络信息中存在的不安全因素，还要提升学生的基本素养和道德。

在大学生网络信息安全教育中，要做到与思想政治教育有机统一，就要在进行网络安全教育的同时，注重实践，增强思想政治教育的渗透意识，积极创造条件，开展各类活动或利用其他的多种形式，让大学生在参与实践的过程中提高理论应用的意识和能力，培养高尚的思想政治品德。

其二，层次性原则。所谓层次性是系统内在组织结构有序的间断和连续，是系统各层次要素有机结合的等级次序。层次性是相对于整体性而言的，是系统思想与方法的精髓，是事物或系统的内在表现，是系统的一个基本属性和特征。也就是说，既要把网络信息安全教育作为一个完整的统一体进行管理，又要根据具体的情况，有针对性地进行教育。

由于我国中小学中并没有开设有网络信息安全教育课程，所以不同学生对于网络信息情况认知、理解等都不同。这就要求高校对大学生进行网络信息安全教育时要根据学生情况进行分层次的教学。这就要立足于对大学生需求认知的把握，从大学生需求层次的特征出发，坚持以人为本、全面发展的教育理念，

把握整体性与阶段性的过程性要求、坚持群体层次与个体层次的对象性要求，具体地运用教育对象的层次性、教育方法的层次性、教育目标的层次性和教育过程的层次性，针对不同教育对象的需求，制定不同的教学目标、教学模式、教学方法。

其三，针对性原则。所谓针对性就是根据大学生的特点进行具体的、具有针对性的教育。由于网络的快速发展，网络成了大学生生活中的重要组成部分，不同群体对网络的需求各不相同。如男生用网络玩网络游戏，而女生更多的是购物、看电影等，所以对于不同学生群体，学校要给予针对性的教育，帮助学生提升自己的安全意识和控制能力等。

这就要贯彻以人为本的理念，发挥大学生的主体地位，根据不同学生需求的不同，针对相同需求的学生群体，给出具有针对性的教育，引导学生协调个人需求与社会需求、物质需求与精神需求的关系。贴近大学生的内心世界，运用灵活的教育方法，注重与学生的感情共鸣。

其四，互动性原则。互动性是指调动多个教育因素对学生网络信息教育施加影响。由于在网络信息化时代下，学生对网络的接触比较多，但教师与网络的接触并不是很多，所以在教育过程中对于学生在网络中容易出现的问题，教师要与学生多沟通、多了解学生在网络环境下的真实感受等，促进教师与教师之间的互动、教师与学生之间的互动、学生与学生之间的互动，最终构建出一套交流机制，实现网络信息教育的良好效果。

（二）大学生网络信息安全教育的路径

大学生网络信息安全教育的途径具有多样性。

其一，对大学生进行安全理论知识教育。现阶段，网络信息安全的规章制度、规范等过于理论化，在学习中极容易被学生忽视。所以，对于高校而言，首先要从理论知识入手，理论知识还需要设置专门的课程，将网络信息安全的教育融入课程教学之中。让学生对网络信息安全的形式、出现问题如何规范等有所了解和把握。

其二，鼓励学生积极参与实践。广泛收集学生在网络信息安全方面提出的各种建议，根据学生在网络信息安全方面所提出的实践性建议，让他们参与到为学校制定网络信息技术规定的实践活动之中；另外，还需要逐步加强对大学生参与网络信息安全防范活动的有关管理。通过学生与学生之间、学生与老师之间的相互练习和演示，通过实践活动提高学生的自救能力与自我保护意识。

其三，鼓励学生进行自我教育。自我教育是指受教育者以一定的世界观和方法论，认识主观世界和教育自己的全部过程，又称自我修养。人们以自己已经形成的思想品德为基础，而提出一定的奋斗目标，监督自己去实现这些目标，并评价自己实践结果的过程，也就是人们说的自我批评。自我教育是德育的一种方法。自我教育是学校教育的一种德育方法，也是学校教育的最终目标，在网络信息安全教育中也要发挥学生自我教育作用。老师引导学生正确地认识自我，指导学生进行自我激励与自我管理，鼓励学生充分发挥自己的主观能动性和积极性，使学生将所学的网络信息安全理论知识运用于实践之中；同时鼓励学生将各种网络安全防范的实践经验引入网络信息安全教育之中，并运用这种方法自觉地实践网络安全行为，使学生将自己所学的安全知识内化为一种素质教育，提高他们网络信息安全的实践能力。

（三）大学生网络信息安全教育的方法

大学生网络信息安全教育的方法分为以下几种。

其一，开设独立的网络安全教育课程，专门化、独立化课程的设置是高校重视大学生网络信息安全教育的体现，也能够提高大学生对网络信息安全教育的重视程度。开设专门的网络信息安全教育课程，将网络信息安全教育课程列为大学生基础课程，同时对大学生进行网络信息安全认知程度的测试，针对大学生对网络信息安全认知的不同程度，分不同层次的班次。对各个班次学生的认知程度，有针对性地开设专门化的网络信息安全教育课程，向大学生传授网络法制、制度、规范等有关的内容和知识，通过这样专门化、独立化的课程设置，提高大学生的网络信息安全意识。

其二，对相关主题进行宣传与教育。例如，通过网络形式设置有关主题的宣传和教育形式，构建全校网络安全信息系统，监督大学生搜索网络时的不良行为，并对相关不良行为及时给予纠正。通过这种形式可以增强教师与大学生之间的交流。同时也为大学生能够真实地表达自己的想法和观念等提供了机会。教师从设立的网站平台和平时的交流中掌握网络信息安全中出现的各种问题，提高对大学生进行网络信息安全教育的针对性和有效性。逐步引导学生树立科学、正确的世界观与价值观，坚定对未来的理想和信念等。营造积极向上的校园网络文化氛围。学校要从制度建设方面为大学生营造一种安全的网络文化环境，同时开展与网络信息安全有关的活动，从大学生的实践活动中了解学生存在的观念等方面的不足，同时传授网络信息安全的理论知识，使得学生对网络安全问题有更为深刻的了解和认识，这样才能真正将大学生的感性认识提升到理性层面。

其三，最重要的是形成网络信息安全教育制度，特别是要形成提高大学生网络安全教育评价效果的制度。制度的主要作用就是对网络信息安全的教育起到规范、约束的作用。将网络信息安全教育纳入高校的课程之中，与其他基础课程一样，为大学生和教师制定出一整套制度，确定教学目标，制订教学计划，对教师的课程及教育成果进行评估，即对网络信息安全教育全程监督，确保大学生网络信息安全教育工作有序、健康地展开。

第二节　大学生网络信息安全教育的具体措施

高校是对大学生进行网络信息安全教育的主要基地。高校只有从网络安全制度体系、课程设置等进行全方面提升，才能真正提高大学生对网络信息安全的认知度、判断力和鉴别能力。由于大学生网络信息安全教育是一项复杂的、庞大的工作，要联合家庭和社会团体力量，多管齐下，对大学生进行及时的网络信息安全教育，以提高网络信息安全教育的针对性和实效性。

一、建立健全有效的大学生网络信息安全教育机制

（一）强化大学生网络信息安全教育的认知

强化网络信息安全认知是大学生进行网络社会活动的基础。纵观目前大学生网络信息安全现状，学生对网络信息安全知识掌握程度很低。认知对行为具有一定的指向性，所以需要进一步强化大学生对网络信息安全教育的认知程度。强化大学生对网络信息安全的认知主要包括以下几方面。

其一，设立独立的网络信息安全教育课程。现阶段，大学生课程中还没有独立网络信息安全教育方面的学科。所以，需要从课程设置的角度设立相关课程，并注重对内容的选择，要针对学生在网络生活中的实际情况进行教学。

其二，丰富现有的课程内容，加大对网络信息安全知识的教育。目前只有大学生的思想政治课程和计算机课程中涉及网络信息安全知识，所以有关教师在承担这两门课程的教学时，对网络信息安全知识所进行的讲解要有重点性、突出性，在内容上要细化、具体化，尤其是要帮助学生了解网络犯罪的形式、方式等。

其三，加大平时网络信息安全教育工作的力度。大学生的班主任、辅导员等教育者，要主动与班级学生接触，主动了解学生在网络信息安全中遇到的问题和困扰等，有针对性地帮助学生解决问题，将相关的知识贯穿在教育过程中，

以提高大学生对网络信息安全教育的认知。

大学生网络信息安全教育认知度的提高，不仅减少了网络中不安全因素对学生的身心造成的伤害，同时还降低了网络安全事故的发生率，增加了家庭、学校和社会的安定性。由此可见，对大学生网络信息安全教育认知的了解是非常重要的。

（二）加强对网络信息安全教育的统一领导

对大学生进行网络信息安全教育不仅仅是高校的事情，也是全社会的事情。网络信息安全教育涉及的部门很多，如当地政府、当地的网络安检部门、当地网络信息管理中心、学校管理和安保等。为了全面地加强对大学生所进行的网络信息安全教育，高校要联合政府、网络安检部门、网络信息管理中心等共同协作，拧成一股力，形成统一化的领导。

大学生网络信息安全管理涉及的不同部门在教育中起到的作用不同。当地政府是对网络信息安全教育起带头作用的部门，根据大学生网络信息安全情况的调查结果，出台相关文件，规范和管理不安全因素，为大学生提供安全的网络环境；网络安检部门要根据高校现有的网络资源，为高校构建安全、受保护化的网络安全检查体系，一旦有不安全因素出现，安检部门可以通过防护网的设置监测出来，由此为大学生提供净化的网络环境；网络信息管理中心可以对高校曾出现过的网络不安全信息进行搜集，从中寻找规律，铲除大学生网络信息中的不安全因素，保障大学生健康、绿色上网；学校的安保和管理可以帮助班主任、辅导员分担工作，对大学生网络安全进行整体管理和协调部署，将高校外部与内部的所有工作协调起来，形成统一的整体。

政府带头，高校安保、管理部门、网络安检部门和网络信息中心的联合工作，不仅使高校的网络信息安全教育程度得到有效的提升，而且也为高校网络的安全运行提供强有力的保障。这对大学生在学校范围内进行网络活动起到了保障作用，也为大学生正常地学习、生活和娱乐提供了净化的场所和环境。

（三）建设一支强有力的网络信息安全教育教师队伍

为了有效地提高大学生网络信息安全意识，增强学生的网络信息识别和判断能力，高校需要一支强有力的网络信息安全教育教师队伍，为大学生提供优质高效的网络信息安全教育。

首先，确定网络信息安全教育队伍的领导人，主要由高校安保工作中管理人员兼职，通过不同系部教师队伍的组建，最后融合为大型的教师队伍；其次，教师队伍组建后，要按照学校制定的相关制度执行，如每周对不同系部学生进行走访，询问在网络中遇到的难题等，将学生出现的难题加以记录；再次，每半年或者一个学期要对记录的学生情况进行汇总、整理，归纳其中出现频率最高的事件，作为典型事件；最后，整理工作结束后要统一开会进行教育工作，就学生在网络信息安全中遇到的最为典型的问题进行系统分析，从而为大学生解决网络信息安全问题提供对策。

通过构建高水平的教师队伍，发挥教师在高校教育中的重要作用，提高学生对网络中不安全因素的辨识能力。

（四）制定和完善网络信息安全教育考核评价体系

高校构建网络信息安全教育制度需要从课程设立、教师教学、考核评价等方面入手。为了确保网络信息安全教育考核评价发挥作用，需要将这部分教育考核纳入高校现有的考核评价制定中。完善的网络信息安全教育考核评价需要制定明确化的指标体系，只有符合了指标体系才能称得上考核通过。如对于每个班级、学生来说，网络信息安全教育考核的指标主要包括：纵向的三方面的内容（维度），即班主任或者辅导员的教育引导情况、教师的教学情况、学生个人的表现情况；横向的内容（维度），包括网络信息安全教育的内容，即网络信息安全伦理道德教育、法律规范教育等方面。结合横向与纵向为网络信息安全设立二级评价指标。但评价指标的设立要科学、客观，依据大学生的实际情况进行构建，最终构建出一整套完善的网络信息安全教育考核评价体系。

通过构建大学生网络信息安全教育考核评价的方式，对大学生网络信息安全知识掌握的准确性和实践应用能力等进行量化。对大学生进行有针对性的网络信息安全教育具有重要的意义和作用。

二、科学地开展大学生网络信息安全教育

所谓科学地开展大学生网络信息安全教育是指依据具有科学价值的内容体系深入地开展大学生网络信息安全教育。

（一）以社会主义核心价值体系为引领

高校是我国社会主义核心价值体系落实的阵地之一，网络信息安全教育需要与我国社会主义核心价值体系相结合，这样才能为网络信息安全教育指明前进的方向，同时也为网络安全教育提供保障。

高校设有思想政治教育课程，该门课程的根本任务是通过落实社会主义核心价值观来帮助学生树立科学、正确的世界观、人生观和价值观等。大学校园

授有网络信息安全相关内容，其中思想政治和计算机等课程都是一种外在的教授方式，而社会主义核心价值观的教育则是一种内在的教育方式。只有以社会主义核心价值体系为网络信息安全教育引领，才能帮助学生减少网络不安全因素的困扰，达到我国社会主义接班人的培养目标，培养社会主义事业的建设者和接班人。

大学生网络信息安全问题中，不安全因素往往渗透有一种错误价值观成分在其中，其中西方“黑色势力”通过网络形式进入我国，传播一些西方意识形态思想，使大学生成了整个过程中的受害者。

总之，高校要以满足学生身心全方位的发展作为目标，紧跟新时代潮流，紧密跟踪大学生在网络环境中接触到的各种信息，将网络信息安全教育贯彻到高校教育的各个环节中，充分发挥高校的教育作用，有效利用高校教育的高效性，推动网络信息安全教育的发展。

（二）以安全教育为核心

大学生网络信息安全教育的核心是安全教育。安全教育主要分为两方面：其一是安全意识教育；其二是安全行为教育。从哲学角度看，意识是个体的内在反映，而行为是意识的外部表现。意识和行为之间存在密切的联系。所以，在大学生网络信息安全教育中，既要强化安全意识教育，又要强化安全行为教育。

网络安全意识教育还需要从理论教育入手。其一，在计算机课程中增加更多的网络信息安全方面的知识。由于大部分网络不安全因素对大学生形成的困扰都是来源于大学生对计算机了解程度低。所以在计算机课程中增加系统管理知识，使大学生了解计算机的安全机制；另外增加正确使用网络、减少不安全因素存在的知识。如如何对计算机进行加密，计算机防火墙如何工作等。其二，强化大学生的网络信息安全法律规范教育。可以通过给大学生介绍一些《计算机软件保护条例》等与网络有关的法律规范，来强化大学生使用网络时的警惕性、自我保护意识等。

网络安全行为教育形式具有多样性，可以通过开设与网络信息安全有关的讲座、开展一些网络信息安全方面的培训、举办网络信息安全方面的辩论赛、文艺演出等。通过多样化、丰富化的网络安全行为教育形式，宣传网络信息安全对大学生健康成长的重要作用，不断强化大学生的网络信息安全意识。

（三）以学生自我保护能力教育为基础

从教育学的角度来看，教师教授学生知识、提升学生能力，最主要的目的是提高学生自我教育的意识和能力。学生将所学知识内化成为自己大脑中知识系统的一部分，这样学生才能真正掌握知识。对学生进行网络信息安全教育也是如此。高校通过开展不同的教育内容，目的在于提升大学生在网络信息中的自我保护能力，使得大学生在网络社会中学会有效地利用网络提供的信息和资源，减少网络不安全因素对自己的伤害。

形成以学生为中心的自我保护能力教育还需要教师给予培养。主要培养方式有：其一，通过相关内容的学习，要求学生对自己遇到的网络难题进行自我管理，如在思想政治课堂上，教师列举出案例，要鼓励学生自己寻找解决方式，这样学生才能够掌握一定的保护和防护能力；其二，学校为大学生推出各种宣传教育形式，除强调网络信息安全的重要性外，还通过实践的形式让学生了解更多的保护方式，由此提高学生的自我保护能力。

在网络环境中，学生一旦形成较强的自我保护能力，可以有效地抵御网络中的各种非法诱惑。学生充分利用计算机课程中所学的知识和技能，可以有效地抵御网络中违法分子的不法行为，尽可能地减少网络中不安全因素对自己造成的威胁。

（四）以心理健康教育为重点

当代大学生身上有一些共同的特点，如思维敏捷、好奇心强、自我实现欲望较高等。这些性格特点会使多数大学生在网络中寻找前所未有的新鲜感和刺激感，导致大学生极容易受到网络中不安全因素的影响。

对于目前大学生中容易出现的网络不安全事件，高校需要从心理健康教育方面入手，纠正其不健康的心理，帮助大学生正确看待网络。首先，高校要积极开展绿色上网等相关主题的心理讲座。现阶段，每所大学都按照高校课程和教育体系设置了心理咨询中心，咨询中心的教育者要开展关于此方面的讲座，讲解一些网络上不安全因素与好奇心理以及寻求刺激等之间的内在联系，帮助学生形成绿色上网的习惯。其次，高校开设心理辅导教育课程，及时疏导大学生的各种不健康心理，如一些学生不愿意和老师、同学倾诉，便可以通过上网的方式与网友交流等。通过开设心理辅导教育课程，疏导学生的不健康心理，使其养成积极向上、乐观开朗的性格。最后，高校通过心理辅导课程帮助学生形成一种自我排除不健康心理的能力。心理辅导中心的老师可以通过教授学生有效地排除不健康心理的方式，来增强学生的自我保护能力。

总之，高校要以心理健康教育为重点，帮助大学生形成积极健康的上网习惯，培养大学生健康使用网络的心态，从而减少大学生网络安全事故的发生。由此可见，大学生形成良好的心理素质是网络信息安全教育的重要因素，健康的心理可以减少和防止网络上安全事故的发生。

（五）以网络法制教育为保障

法律规范的学习是大学生思想政治教育内容的重要部分，大学生掌握大量的法律规范才能知法懂法，不会做违法事情，当自己受到侵犯时能够有效地利用法律规范维护自己的合法权益。对于网络信息安全教育而言，由于我国没有专门设立网络法制教育课程，所以大多数学生对网络法律法规的了解程度很低，错误地认为网络是非常自由的空间，不受任何约束，这导致越来越多的大学生遇到了网络上的安全事故，因此要加大高校的网络法制教育。

首先，高校要组织、构建网络监督小组，小组内工作人员将对网络安全、大学生网络行为等有关的文件加以梳理和整理，规整出一整套法律文件，通过网络转发到各个大学生班级 QQ 群或者是微信群，让学生了解网络法律规范的方方面面。其次，网络监督小组工作人员定期向大学生开展法律制度规范的讲解课，将抽象的、难理解的法律制度规范与生活实际相结合，便于大学生全面地理解法律规范的实际应用。最后，网络监督小组工作人员要跟踪调查各个系部不同学生对网络法律规范的了解情况和网络法律规范的实际运用情况。

总之，通过网络法制教育，提高大学生对网络法律规范的了解程度，增强大学生的法律规范意识，减少网络中不安全因素对大学生生活的干扰，帮助学生形成积极健康的上网习惯。

三、完善课程设置

大学生网络安全教育是当前高校安全教育体系中最为重要的一环。大学生在净化后的校园网络环境中生活、学习和娱乐，他们自身的网络信息安全意识逐步提高，网络信息安全方面的常识和知识得到扩充，这样会有利于大学生在网络环境中不被侵害。

（一）课程内容设置的完善

大学生通过网络可以获得大量的信息和可用资源，使网络与大学生的学习、生活和娱乐紧密相连，而对网络使用规范和一些网络法律规范的了解度很低会使网络上的不良信息影响大学生的思想和观念。所以大学要强化对网络信息安全方面的教育，就必须重新地、科学地设置课程内容。课程内容的重新设置主要途径有以下几种。

其一，现阶段，大学课程中还没有设置专门的网络信息安全教育课程。开设网络信息安全课程，需要进行上报，等待批复。所以，高校可以尝试开设网络信息安全方面的选修课程，这样学生可以尽快地了解一些网络信息安全方面的知识。

其二，高校思想政治课程内容中专门设立有网络信息安全内容的章节，但这一章节的内容并不多，涉及的知识面很窄。所以，教师需要扩充此方面的内容，从理论内容入手，然后在讲解的过程中结合实际生活中的一些案例来进行说明。如购物、网上交友等形式要注意哪些事项。

其三，高校计算机课程也涉及网络信息安全教育内容，但涉及内容并不多，并且两部分章节之间衔接度不高。教师要将两部分内容重新整合，如将杀毒软件安装与网络游戏软件进行结合，还有网络购物中如何辨别网络骗子和购物陷阱等。

总之，由于大学生网络信息安全教育课程的开设，既具有紧迫性，又具有高难度性，高校课程内容的重新设置是最有效、最快速的方法。通过这种形式帮助大学生了解使用网络的法律规范，注意事项，识别网络陷阱，提高学生对网络骗局的识别能力和辨别能力，帮助大学生形成健康上网的好习惯。

（二）净化校园周边环境

现如今，我国构建的新型教育体系已经突出体现了“教育不再受围墙的限制”的特点。特别是我国高等教育体系，高校教育的开放性程度在不断提高。所以，高校校园环境对学生的影响很大，高校周边环境对学生的影响也非常大。纵观高校周边的环境，主要的场所有网吧、超市、酒店、宾馆等，其中网吧是影响大学生上网的主要场所。所以，对于高校而言，为了能够为大学生提供良好、净化的学习环境，需要与当地政府等部门协调合作，对校外环境进行整顿。净化校园周边环境主要从以下几方面做起。

其一，高校要积极与政府职能部门合作，通过合作形成统一力量，定期或者不定期地对校园周边的安全进行专项整顿。这样可能及时地发现一些不安全的因素和扰乱校园环境的因素。

其二，高校积极配合政府职能部门的工作，对校园周边网络运营实体传播不良信息等行为，要提醒职能部门给予停业警告；如果有更为严重的情况出现，职能部门要对其停业整顿。

其三，高校要邀请职能部门工作人员到学校开讲座，分析学校周边出现的不良事件和一些不良思想。引导大学生与职能部门工作人员形成良好的互动，将学校内部出现的各种情况向政府职能部门汇报。同时职能部门要对高校内一些经常旷课、夜不归宿的学生进行警告，情节特别严重的要进行严厉惩处。

总之，高校借助政府职能部门的力量可以有效地提高安全教育工作的效果和质量。减少校园周边不安全因素，净化校园周边的环境，为大学生提供干净的学习、生活和娱乐环境，让学生在良好的环境中学习、生活和娱乐，对大学生网络信息安全进行全方面地教育，增强大学生在网络中的自我控制和保护能力。

（三）构建家校合作机制

现阶段，由于多数大学生已经成人，所以大部分高校在教育和管理学生方面与家长联系的不够紧密，因而对网络信息安全教育的紧迫性和必要性重视力度不够大，高校需要联合学生家长的力量。

大学生网络信息安全教育不仅是高校、社会、政府工作部门等的工作，学生的家长也需要参与其中，与高校、社会、政府工作部门拧成一股力，对大学生进行网络信息安全教育工作。构建家校合作机制主要从以下几方面进行。

其一，高校首先要统计学生家长的基本情况，通过建立微信、QQ 群等形式，与家长进行直接沟通。

其二，高校要定期向学生家长发送一些网络信息安全方面的知识，帮助家长了解网络信息安全教育的重要性。家长同样也需要与学校形成良好的互动，将学生在家中的表现、上网等情况与学校交流沟通，由此高校与家长形成合作机制。

其三，家长和学校要及时发现在网络中受骗或者有其他问题的学生，及时向学校的有关教师汇报，这样可以将问题有效遏制，避免问题的扩散，减小学生受到的伤害。

总之，要充分发挥家庭教育的重要作用，将学校教育与家庭教育结合起来，形成良好的合作机制，使大学生无论在学校还是在家中，都受到一定的关注。还要使大学生网络信息安全工作进入规范化、全方位的轨道上来，逐步将网络信息安全教育落到实处。

（四）构建信息化管理体系

大学生网络信息安全教育从根本上看是信息化的管理，所以要强化大学生网络信息安全教育还必须在高校构建信息化管理体系。

由于网络信息具有海量性，网络行为具有自由性、虚拟性等特点，不少大学生认为只要通过网络就可以表达自己想表达的事情。高校需要构建信息化管理与监督，将高校的公用信息进行严格监督。只有这样才能监督学生网络上的行为，对于违法行为高校要给予及时地处理。

另外，大学生网络信息安全教育工作还需要通过一些专职教师的讲座或者带领学生参与实地考察，帮助学生了解网络信息安全管理中涉及的体系，通过实践方法让学生了解网络信息安全管理的具体工作。要让大学生了解并牢记，在使用网络过程中，注意自己的一言一行，不能有违法行为。另外，学生对高校网络信息安全监察有所了解之后，会对自己在网络上的话语、言行等有一定的自我约束和自我管理。这样不仅减少学生在网络上违法行为的发生，同时还减少了学生受侵害的可能性。

总之，面对网络信息化对大学生思想、观念等形成的巨大冲击，网络信息安全教育是大学校园中亟待解决的问题。所以，应将大学生网络信息安全教育尽快纳入高校安全、心理教育内容之中，为大学生提供网络信息安全意识、行为、技术等方面的帮助，尽量避免大学生在网络信息中受到伤害。

第三节　自媒体环境下大学生网络信息安全风险及防范研究

随着高校网络的全面覆盖、智能手机的更新换代、上网资费的日益便宜、各种应用的移动客户端不断推出，以微博、微信、QQ空间等为代表的自媒体受到大学生的青睐。大学生在享受自媒体便利的同时，自媒体环境也给大学生带来诸多隐患。如大学生的思想信仰受到冗杂信息的影响，网络失范行为和网络犯罪行为增多，人身财产安全风险加大，个人信息安全状况不佳。在充满风险的自媒体环境下，大学生应对风险的情况也不容乐观。自媒体环境威胁、大学生网络安全呈现什么样的特点、大学生应对风险存在哪些问题、大学生难以应对风险的原因何在、如何有效防范自媒体环境下的大学生网络安全风险，是摆在高校思想政治教育工作者和安全教育工作者面前的重要课题。

一、自媒体环境与大学生网络安全隐患

（一）自媒体的特点及主要形式

自媒体是随着互联网技术的日趋成熟而逐渐兴起的一种具有特色、发展迅速的网络技术平台。在 2003 年，美国两位学者谢恩·波曼和克里斯·威利斯对自媒体下了一个十分严谨的定义——“we media”，即普通大众经由数字科技强化，与全球知识体系相连之后，一种提供与分享他们本身的事实和新闻的途径。

自媒体至今并没有明确定义，不同的学者只是从不同的专业和角度进行探讨。顾名思义，自媒体就是每个人都是新闻媒体，在这样的一个网络平台上每个人都可以生产、加工、传播、共享、收藏信息。更通俗地来讲自媒体就是一个可以随时随地分享个人生活的微型受众发布平台，人们在这个平台上扮演着信息的发布者、接收者、传播者的角色。

1. 自媒体的特点

（1）传播主体的大众化

自媒体的传播主体大众化可以表现为两个方面：人人可参与，全民能供稿。注册使用简单决定了每个人都可以参与信息的生产发布。自媒体关于新闻内容的发布也没有统一的标准，不需要用户谋篇布局、细细雕琢。常常是用户对生活有感而发，随时随地亲历亲传，或是觉得有意义事物的分享。文字配上图片、音乐、视频等，更加原汁原味，通俗易懂。看似零散杂乱的碎片化信息，在节约传播成本的同时，也能真正地反应自媒体作者的价值观念、生活方式，这种表达方式不仅符合现代快节奏的生活，而且更容易获得受众的认同。

（2）传播方式的交互性

在自媒体时代，人人皆可成为新闻源，又可成为信息的受众。自媒体用户只要关注了其他用户，就意味着能及时接收到该用户的最新动态（在权限不受限制的情况下），可对其进行评价、转载，形成即时互动的关注模式。一些自媒体还为用户提供了各种公众聚合平台，有关新闻资讯、旅游、体育、明星、教育、社会等服务的公共主页，有相同兴趣的用户往往能就某一话题进行深入探讨，通过留言、跟帖、转载、分享等方式将聊天范围扩大。与传统媒体相比，信息交流方式不再单一，从“一对一”向“一对多”“多对多”等多种方式转变。因此，在自媒体上网络信息就像“滚雪球”似的呈裂变式传播，信息发布的速度是传统媒体甚至是官方媒体都不能达到的。

（3）传播过程的即时性

自媒体传播过程的即时性包括两个方面：一方面是信息传播机制。自媒体信息的生产和传播环节较传统媒体大大缩减，传者和受众的固定疆界被打破，发布和接收信息有很大自主性与及时性，可以直接将自己的所见、所闻、所想通过网页、手机软件等多个渠道发布出来，创建自己的“媒体”，成为新闻发布人。另一方面是信息传播技术。如果说早期自媒体的操作是从电脑开始，现在则更多地集中于手机客户端及其他移动客户端。自媒体信息的传播得益于这些有利的技术条件，大大降低了信息传播的时滞。张燕在《风险社会与网络传播——技术、利益、伦理》中对于微博的一段描述正是自媒体信息传播及时性的最好表述：“微博信息是以短信息的形式同步生产出来的，因而在第一次传播时，是点对点的短消息传播，这使得信息的生产和传播过程趋近于零时间。微博信息的二级传播，可利用其一键转发功能使一级传播的受众在同步接收、同步阅读到同一条微博信息的同时，实现同步转发和二次传播，使信息二次传播的时滞也趋近于零。”

（4）传播内容的复杂性

自媒体进入门槛低、发布信息简单的特点决定了自媒体用户的形形色色，不同阶层、年龄、教育程度、道德素质的用户充斥其中。加之自媒体的高度虚拟性，现实生活的道德约束也在虚拟的网络中丧失作用，有时候反而把人性中隐藏的“阴暗面”无限释放出来。通过自媒体发布的信息，不乏真实的正能量信息，也不乏虚假、落后、消极的内容。参与发布谣言、暴露他人隐私、发布自己私密照片（以炫富等拜金主义、享乐主义为基调），或是为了博人眼球，或是纯属恶搞，无形之中使他人名誉受损或受众受到误导。最为严重的是一些不法分子利用自媒体传播一些非法、欺诈、反动信息，给广大受众的思想、财产甚至生命带来了不可忽视的影响。

2. 自媒体的主要形式

自媒体的兴起和发展不是一蹴而就的，是随着科学技术的发展和用户的信息需求增多而不断推陈出新的。从当下最受大学生欢迎的自媒体形式进行研究论述。

（1）微博：引领中国“互联网”真正走入了“自媒体时代”

微博是微型博客（MicroBlog）的简称，建立在“用户信息分享、传播以及获取的平台之上，用户可以通过 WEB、WAP 以及各种客户端组建个人社区，以 140 字以内的文字更新信息，并实现即时分享”。2010 年——中国微博元年的到来标志着中国互联网真正走入了自媒体时代。到 2012 年，微博已经成为众多网民生活的重要组成部分，这与微博内容短小精悍、发表形式简单快捷、消息来源多元、及时信息发布和及时信息回复的优点有关。

（2）Qzone：所有网民最常用的自媒体平台

QQ 网络空间是腾讯公司于 2005 年开发出来的一个个性空间，它是创建较早且所有网民通常都用的自媒体平台。根据腾讯 2013 年第三季度财报 QQ 空间活跃用户已经达到 6.233 亿。用户可在 QQ 空间个人中心内写日志、写说说，上传照片、音乐分享生活，转载评论其他好友的文章，QQ 好友之间可以就共同的游戏合作或对抗。QQ 空间目前是全国最大的互动网站。

（3）微信：当下最热门的自媒体平台

微信是腾讯公司 2011 年推出的一款为智能终端提供即时通信服务的免费应用程序。微信走流量、资费少、语音和视频聊天、支持多种移动终端的优点吸引了当今年轻一族，至今也拥有了庞大的用户群体。用户可以通过手机号或是直接绑定 QQ 注册微信，注册完后基于位置的社交插件“添加朋友”“摇一摇”“漂流瓶”“附近的人”“扫一扫”添加好友，可以通过微信平台进行单独聊天和多人群聊，将自己的生活动态、心情点滴分享到朋友圈，还可以在朋友圈里看到其他好友的最新动态。除了强大的社交功能，微信还具有购物、公众平台咨询、游戏、转账、手机充值、理财、打车、看电影、美食等便民应用功能。

（二）自媒体环境威胁大学生网络安全的新特点

1. 危害对象的广泛性

与传统的网络安全风险相比，高度交互性、裂变式的自媒体使得网络安全风险危害性更广。就热点新闻来说，传统网络的传播范围相对有限，网络并没有广泛的普及，网民并不能随时随地关注某一条网络信息的动态，在有网络条件能够关注时，或许热点事件已经过时，不再被网民讨论。自媒体环境下，只要是能激起公众关注热情的话题，往往会以每隔几分钟的频率，以“新闻”的名义充斥着网民的眼球。随着中国网民愈来愈低龄化，中小学生携带智能手机也是司空见惯的事，各种自媒体信息对包括大学生在内的青少年群体的消极影响不容忽视。

2. 危害程度的严重性

大学生对自媒体网络法律、网络技术缺乏一定的了解，加之自媒体高度的交互性，网络安全风险无形之中会被扩大，危害程度更加严重。2012 年 4 月上海一女大学生道听途说，在人人网上随意发帖，被新浪微博数万网友转发，对克莉丝汀食品有限公司造成股价下跌近 3 个百分点的恶劣影响，最终被以侵犯商誉罪告上法庭的自媒体安全事件，证明了自媒体网络安全风险危害的不可控制性和严重性。除此之外，随着自媒体而兴起的人肉搜索在成为网络监督利器的同时，也加剧了自媒体时代网络暴力、隐私危机、道德困境，对当事人之外的一些无辜的人也造成了不良的影响。

3. 发生方式的高度隐蔽性

与传统的网络安全风险相比，自媒体环境下网络安全风险的又一个特点是高度的隐蔽性。传统的网络安全风险多从技术层面来探讨，由于网络安全技术与网络的发展不能成正相关，网络的普及率较低，网络安全教育课程没有充分展开，网络安全风险多以物理风险为主，即硬件的、明显的。自媒体的注册本身存在一定的灰色地带，很多用户并不能做到实名注册，为不法分子实施犯罪提供了保护伞；使用过程中，自由的话语权导致网络谣言泛滥，很多大学生不自觉地就参与了网络谣言的传播，甚至构成犯罪；大学生出于好奇、交友的心理，用微信习惯添加陌生人为好友，一些黑客往往利用大学生的这种心理，微信与手机通讯录、QQ 相衔接的特点及绑定银行卡的功能，发送一些具有诱惑性的链接地址，从而让用户进入钓鱼网站，进而盗取通讯录好友、银行卡账号、密码等一些重要的个人信息，侵害手段更加“高明”和隐蔽。

二、大学生应对自媒体网络安全风险不足的原因分析

网络安全风险的发生是多种因素综合作用的结果，挖掘应对风险不足背后的深层次原因，对于有针对性地采取预防措施化解风险，促使其向良性方向转化，真正地达到自媒体为大学生所用且避其所害，从根本上发挥自媒体新科技的优势，有着重要的意义。以下重点从大学生使用主体角度和网络监管角度进行分析。

（一）使用主体角度：大学生群体的特殊性是决定因素

自媒体作为先进的一种科学技术，本来是用来造福人类的，但是现在网络安全风险频频发生。很多专家认为“科技”归根结底“本无罪”，给自身带来威胁的是人类自身。大学生群体作为使用自媒体的主体，由于该群体的一些特点导致自媒体使用不当，最终将这把“双刃剑”对准并“伤”了自己。大学生群体的特殊性表现在以下几个方面。

1. 渴望表达自我的强烈需求

大学时代是一个人的半社会化"断奶"时期，总体而言，大学生离开了生活多年的故土，离开了自己的父母，走向一个和高中相比要复杂、和社会相比要单纯的新环境。大学生来自天南海北，人才荟萃，和高中相比那种"乡缘"同学关系减少了，更多的是以宿舍、社团为单位，讲的是"志同道合"，拼的是"综合素质"。很多大学生不再是之前的佼佼者，人际关系也较之前复杂，心理落差由此产生。当然大学时代既保留着少年时期的需要，像纯洁的友谊、优异的成绩，又因为独立意识增强，渴望被接受和认同，有着成年人的情感的、休闲的、求知的及发展的各种需要，但由于自身经验不足及客观条件的限制，各种需要往往形成冲突。在难以解决的情况下，大学生便逃避现实转而向能够真正平等表达自我、结交"知心"朋友的自媒体随时随地"求助""解脱""释放"，通过自媒体可以联系到多年的好友，还可以通过"附近的人""摇一摇"等应用添加陌生人。因为冲破了现实生活中对人角色的约束，有时候大学生反而会在网络中把内心最真实的一面反映给陌生人。在自媒体环境下，每分每秒将自己的喜怒哀乐分享给关注自己的朋友，冲破了时间与空间的限制，并配以文字、图片、视频、语音甚至地理位置，更加场景化的还原真实。这就为犯罪分子锁定侵害对象提供了可乘之机。

2. 强烈好奇心引发求"新"心理

第一，追求新"玩法"。大学生正处于智力和思维快速发展的时期，思维活跃且好奇心重，乐于追求新鲜事物、吸收新知识。大学生紧跟时代潮流，选择新兴的自媒体作为社交通讯平台就是一种个性的展示，比如随着自媒体技术和应用的逐渐更新，更多的大学生从 BBS、人人网转向了玩 QQ 空间、"织"围脖、聊微信。第二，寻求新"思维"。大学时代是个人向社会化过渡的阶段，大学生在日常学习、生活中遇到的学术专业问题、人际交往问题、就业问题、人生价值实现问题及日常生活常识，都可以在自媒体及时又丰富的信息量中找到全"新"的答案。第三，开拓新"视野"。大学生群体知识水平高，思想觉悟高，学业压力较高中轻松，也不局限于课本上的理论知识，关注点也随着眼界的开阔不断扩大，大到国际上的热点事件、国家内部的政策方针、社会突发事件，小到娱乐八卦新闻、与自身相关的食堂吃饭问题，都可以通过自媒体平台实现"新"的传播。第四，展示新"个性"。自媒体高度的隐蔽性和自由性恰好与大学生强烈追求个性相吻合。在自媒体空间内，大学生能够根据自己的爱好设计主页形式、选择头像、起具有个性的昵称、发表代表心情的个性签名。

综上所述，大学生为了求“新”使用并依赖自媒体，在自媒体海量的信息中获取需要的信息，思维变得广而缺乏深度。在展示个性的同时，又以自身获取的信息和思维方式去认识和评判世界，忽视了现实生活道德的约束，各种不文明的话语、各种离奇的恶搞，统统在“个性”的标签下肆意“生长”。在这种高度自由和隐蔽的网络环境下，大学生通过教育接受的主流价值观也被芜杂的自媒体信息冲击、离散、模糊甚至变得反动，因为西方国家依托其主导的信息传播体系，已经将其意识形态、价值观念，以潜移默化的方式影响着广大发展中国家民众的感受和价值判断。

（二）网络监管角度：国家和学校相关方面的监管不力是决定因素

1. 国家监督管理不力

第一，国家网络立法难以与时俱进。自媒体网络安全最基本的约束力来自法律法规，法律法规则是保证网络有效监管的依据。“从 2012 年至 2014 年底，习总书记针对网络安全，发表了一系列高屋建瓴的重要论述，逐渐形成了新形势下中国网络安全的总体战略框架。”2014 年 2 月 27 号，中央网络安全和信息化领导小组成立，标志着我国由网络大国加速向网络强国挺进。“没有网络安全就没有国家”的著名说法，说明国家把网络安全放到了一个战略性的高度开始加以关注。但是，随着网络媒介环境的变化，新的网络安全风险频发，我国并没有制定一套专门的、完整的网络安全法规体系。目前，我国在网络安全领域的法规仅有《计算机信息网络国际联网管理暂行规定》《中国互联网域名注册暂行管理办法》《全国人大常委会关于维护互联网安全的决定》《全国人民代表大会常委会关于加强网络信息保护的决定》（2012 年 12 月 28 日），这些法律制定时间较早，多以部门规章为主，效力等级不高，适用范围有限且显得笼统。当前新出现的诸多网络安全问题都没有考虑在内，如没有明确规定自媒体服务运营商、媒体机构及从业人员、用户的法律责任，对自媒体违规、违法、犯罪缺乏明确的界定。这是自媒体网络安全风险“肆意”发生的重要原因。

第二，监督管理机制不健全。维护自媒体网络安全、保护网络公众的利益离不开网络监管。我国网络监管在经历了近 20 年的演化后仍处于初级阶段且问题突出，表现在网络安全由多个行政部门参与管理，造成了“九龙治水”的局面。虽然行政职责上都有管理分工，但是难免会出现重叠管理或相互推诿的局面。习近平总书记曾在中共十八届三中全会中明确表示，面对互联网技术和应用飞速发展，现行管理体制存在明显弊端，多头管理、职能交叉、权责不一、效率不高。同时，随着互联网媒体属性越来越强，网上媒体管理和产业管理远远跟不上形势发展变化。在多头管理的体系下，我国缺乏一个统一的监督管理部门及对自媒体机构和从业人员进行考核和奖惩的统一制度标准。

2. 学校自媒体网络监管与教育不力

大学生由于个性张扬而拥有更多的话语权成为自媒体中最活跃的群体。作为高校的重要组成部分，大学生群体频频遭遇自媒体网络安全风险，除了自身的特殊性与网络环境特点之外，高校自媒体网络安全监管与教育也是其重要影响因素。目前来看，高校自媒体的建设与管理、网络安全教育形势不容乐观。

第一，高校自媒体平台的建设与管理滞后。目前不少高校都建立了各种各样的自媒体网络平台，但缺乏专门的人力、物力、财力支持平台的运行。即便有，也缺少专业性和互动性交流，没有充分利用这个虚拟社区对大学生进行各方面教育与影响，只是限于单向的“人—机”交流模式，缺乏自媒体该有的生动性、丰富性，教育内容更新也缺乏持续性。面对其他纷繁复杂的自媒体信息，其教育效果远没有达到。同时，校园网络的维护往往比较滞后，常常是用户大规模的报障才被动维修，加上资金等投入不足，设备更新也比较缓慢。最终不仅缺乏对大学生使用自媒体情况的了解，更不会知道学生最新的各方面动态，导致学校的管理工作与学生的实际情况严重脱节。此外，部分高校的网络安全管理制度也不健全，没有严格的实名登记制度、隐私保护制度、网络行为规范条目。高校外部的不良信息乘虚而入，缺乏过滤，内部的信息又缺乏监督、引导、控制，大学生上网环境可想而知。

第二，对大学生的网络行为缺乏教育与引导。大学生既是自媒体信息的创造者，又是信息的传播者。但是，目前高校对网络行为的教育与引导却严重缺失，表现为：首先，自媒体安全教育方面认识不足。自媒体安全教育是高校安全教育的重要组成部分。在科技迅速发展的自媒体时代，网络安全的维护、网络风险的防范是新时期高校正常科研、教学、管理的重要保障。目前高校的网络安全工作往往由学生处、保卫处、网络管理中心、团委等牵头负责，难以形成合力，缺乏一个专门的信息安全管理机构；安全教育内容往往偏重于传统的国家安全教育、消防安全教育、防盗窃教育、交通安全教育、安全规章制度教育。网络安全教育一般利用新生入学教育开展，或通过广告、海报等方式进行宣传，缺乏一种有效的机制保证教育深入系统地进行；我国高校的计算机和网络课程往往注重网络知识和技术的传授，极少涉及网络安全教育、网络道德教育、网络法律教育，更缺少相关的网络制度、网络规则的课程和讲座，在自媒体方面的网络安全教育更是少之又少。其次，网络思想政治教育不能与时俱进。网络安全教育中的很多问题都是思想政治教育在自媒体时代的重要内容。在自媒体环境下，以老师为主体、以传统教材为内容、填鸭式的教学方式已经不能满足大学生的思想现状与信息需求。那些缺乏媒介素养，未能了解自媒体知识和使用方法，不能掌握自媒体背景下大学生思想状况和教学规律的教育工作者就显得被动，教育内容和方法缺乏针对性、实效性和前瞻性，也不能很好地对其进行网络安全方面的引导。同时，自媒体中包罗万象的信息对大学生的思想及行为产生着潜移默化的影响，无形之中也消解了大学生在现实课堂上受到的教育。

大学生是21世纪社会主义现代化事业的建设者和接班人，是我国全面建成小康社会关键时期的主力军。自媒体环境下的大学生网络安全风险及防范研究，在理论上可以拓展高校安全教育和思想政治教育的内容和方法，在实践上可以提升大学生安全上网的意识和水平。加强大学生自媒体网络安全风险及防范研究，不仅能加快高校形成健全的网络风险预防机制，适应高校安全形势的发展，最终促进社会主义和谐校园的构建，而且利用高校先进科技、预防方法对社会的辐射作用，带动全社会网民共建网络安全，共享网络文明，也有利于社会主义和谐社会的进一步实现，更有利于推动社会主义网络强国的建设。

三、自媒体环境下大学生网络安全风险的防范原则及对策建议

随着信息技术的发展，中国网民进入自媒体时代。自媒体的去中心化、交互性强等优点迎合了大学生的个性、爱好，成为大学生生活中的重要组成部分。自媒体给大学生带来各方面便利的同时，也给大学生网络安全带来了种种隐患，表现为价值观念多元化、模糊化，思维方式缺乏深刻性、批判性、创新性；自媒体网络失德行为和犯罪行为增多；自媒体人身财产安全频受侵害；个人信息安全风险加大，并引起其他风险的恶性循环。在这样一个风险频发的环境下，由于大学生主体的安全意识不强、安全技能不足，高校的网络安全教育与思想政治教育不能与时俱进，社会自媒体网络环境复杂，自媒体网络环境本身存在缺陷，国家自媒体网络监管机制滞后等主客观因素，使得大学生在应对这些风险方面存在很多问题：自控能力较弱、辨别能力不足、道德意识和法律观念缺乏、防范意识和防范能力不强。科学、有效地防范风险对大学生的健康成长、对建设社会主义和谐校园、对高校培养未来的社会主义现代化建设者和接班人、对建设社会主义网络强国都具有重要的意义。

（一）自媒体环境下大学生网络安全风险的防范原则

1. 合作联动原则

合作联动原则指的是基于共同的目标，安全教育及思想政治教育系统内各子系统、各要素之间及与外部环境之间相互作用、优势互补，以达到最好的防范效果。大学生自媒体网络安全风险对于高校的安全教育和思想政治教育是一项新的挑战，风险的防范是一项巨大的工程。从内外部环境来看，除了高校自身努力之外，社会其他方面的力量也很重要，如政府相关的立法与监管部门、社会自媒体运营机构、家庭等优势互补、形成合力。政府起“战略家”的作用，相关机构起“把关人”的作用，家庭起“后援军”的作用。从内部子系统看，需要高校的教育、管理与服务机构相结合。立足于教育，辅之以管理，以科学的制度管人，并寓教育于管理之中，把管理上升为教育。拉近教育与服务的距离，增强学生对高校自媒体服务网站、高校教育工作者的认可。从各要素看，教师与学生相结合，学生骨干与学生相结合。全方位、多层次地开展宣传教育，健康、合理、理性地利用自媒体，将自媒体网络安全风险降到最低。

2. 知行合一原则

知行合一原则从字面上不难理解，就是理论和实践相结合的一种思想。知，即知识、认识。行，就是行为、实践。知行观与安全教育、思想政治教育联系到一块，就是要求在风险防范的过程中，教育工作者（这里指的是安全教育工作者，尤其是思想政治教育工作者）要把知情与示范、指导相结合。除了日常对大学生系统地进行自媒体网络安全常识、网络道德意识、网络法律意识、网络心理、网络安全操作技能教育外，高校教育工作者要顺自媒体之势，主动掌握学习最新的自媒体技术和方法，以平等的姿态、互动的模式与大学生进行线上线下交流，在了解大学生自媒体使用习惯及思想动态的同时，以自己的网络言行分析与启发、感染和引导学生，还要通过一些自媒体网络实践活动最好是师生联谊活动来内化和检验教育效果。

3. 先入为主原则

这里的先入为主原则实际上说的是传播学中的选择性理论，即把安全教育和思想政治教育看作一种传播活动，传播者为高校安全教育和思想政治教育工作者，大学生为受众，传播效果为有关自媒体网络安全教育的效果。该理论主旨在于受众接受信息总会根据个人的需求和意愿而有所选择、有所侧重乃至有所理解，以便使之同自己固有的价值体系和既定的思维方式尽量地相互协调，而不是相互矛盾。该理论又包括选择性接触、选择性理解、选择性记忆。结合该理论，在大学生自媒体网络安全风险防范方面，先入为主表现为以下几个方面：首先，高校安全教育工作者、思想政治教育工作者要深入调查、充分沟通、了解受众；其次，以人为本、因材施教、循循善诱；最后，主体鲜明、内容丰富、内化检验。

（二）自媒体环境下大学生网络安全风险防范的对策建议

1. 加强网络安全立法和监管

在全球信息化推进的过程中，不难发现世界各国对网络安全风险的重视度都在不断提高。把网络安全放到国家战略性的位置，以政策、法律的形式确定下来并为其落实提供权威的依据是建设网络强国的关键。

（1）让自媒体管理走上良性法制的轨道迫在眉睫

针对目前我国网络立法速度严重滞后于网络安全风险发展速度的现状，大学生自媒体网络安全风险不断增多而又无法可依的困境，自媒体立法呼声很高。自媒体是中国广大网民（包括大学生在内）诉求和表达意愿的载体。网民通过自媒体对一些热点事件、突发事件的曝光，在一定程度上对现实的政治和社会产生了影响，对推进社会的公平正义、政治民主都起到了不可否认的作用，这是自媒体与传统媒体的不同之处。但也不排除一些网民利用自媒体传播虚假消息、盗取他人信息，这就需要良性的法制。良性的前提首先就是顺势而为，在保证网民话语权和知情权的前提下，利用良好的法律去引导、疏通，而不是堵塞。就是一套明确监管主体、自媒体运营商、媒介从业机构及人员、用户各主体法律责任的法律法规体系，让网络生产、制作、使用、服务、监管等过程中各个环节都能有法可依。最终目的是通过法律清除与制裁利用自媒体违法犯罪的人，而且要加大惩罚力度，大力提升违法犯罪的成本和门槛。

（2）成立自媒体网络安全监管机构

为了改善多部门管理、效率不高的监管局面，成立相应的专业监管部门比较合适。挑选掌握网络安全核心技术的人员作为网络监管的主要技术人员，对于自媒体网络上的安全漏洞能够及时运用全面的技术进行监管，对于不良的信息能够过滤及屏蔽。还可建立自媒体平台公共投诉系统和相关的奖惩制度。对于达到一定被投诉率的自媒体账号实行通报和限时封号，以促其整改，情节更为严重的，加大惩处力度。当然，对那些长期传播正能量的自媒体，可以给予一定的扶持、表彰，同样也会优化自媒体网络环境。

2. 构建和管理一体化校园自媒体平台

自媒体作为一种新型的信息传播媒介，以其自身低门槛、交互性、平等性等优势获得了大学生的青睐。作为校园网络管理主体的学校应该意识到高校信息化建设的潮流难以阻挡，要坦然面对自媒体对于高校网络安全教育及思想政治教育的挑战，对大学生思想观念、行为方式、人身安全、财产安全、信息安全的不良影响。

一方面，高校各级管理部门尤其是与学生密切相关的部门要积极建设自媒体信息发布平台，如宣传部、教务部、学工部、网络管理中心、学生社团等。同时，不同的部门要相互协作，真正地以学生为本，结合先进的、积极的思想文化来占领网络文化主阵地，比如，天津理工大学法政学院通过微信发布天津理工法政青协、天津市残疾人福利基金会、天津海河乳业“免费发放牛奶”校园公益活动，在给同学们发福利的同时，也让这些富有正能量和教育意义的微信公众平台受到同学的关注。平台中不同主题的教育内容对大学生有很好的影响，可谓内容丰富多样，形式精美新颖。让大学生在主动地浏览学习的过程中，不禁地得到感情的共鸣，道德的升华，同时在有限的时间内，和其他不良的网络信息接触就相对减少了。当然，高校还应该在这方面继续探索。

另一方面，高校网络技术监管部门要开发与引进“自媒体”信息监控技术、防火墙技术、软件过滤网关、信息加密技术、身份认证技术等，收集与分析大学生自媒体网络文化的动态，了解大学生的文化需求与文化现状，对一切有害的信息进行监督与控制，从源头上防止自媒体网络安全风险的发生。同时，高校要加大国家网络安全法律法规的宣传力度，与教育主管部门、公安部门、工商管理部门及网络安全监管部门构建立体化的监管体系，增强监管力度。

3. 丰富自媒体网络安全教育内容和教育实践活动

针对高校网络安全教育和网络思想政治教育都比较滞后的现状，高校健全自媒体网络安全教育的内容体系，丰富课外实践活动显得尤为重要。以上两方面的教育完全可以就各自的优势形成一种互补甚至协作的局面。

一方面，高校的安全教育除了做好日常的安全工作外，还要积极拓展安全教育的内容，完善高校学生管理制度、行为准则。可以通过讲座、开会、报告、交流会的形式，阶段性、分年级、分性别、有重点地对大学生展开自媒体网络信息安全教育。选取自媒体网络安全风险方面比较鲜明的案例、新的风险类型、网络安全必备技巧，以互动交流的方式，启发引导大学生科学、合理、安全地应用自媒体。例如，对于女生则要求增强网络防范意识，不要轻易与陌生人见面、发布消息不要地理定位、公众场合蹭网，男生则要增强自媒体游戏自控能力。评估采用一定的学分制，从出勤率、参与率、课后作业完成效果（每一期的反思总结）进行考量。同时，高校要制定和完善高校学生行为准则，对大学生利用自媒体的行为规范进行详尽地说明，对参与传播网络谣言、网络犯罪制定相应的惩处标准，让大学生自觉地严格要求自身的网络行为，安全文明上网。

另一方面，高校的思想政治教育要充分利用自媒体的优势，不断完善教育内容，拓宽教育渠道，丰富教育形式。

内容上，在用以马克思列宁主义、中国特色社会主义理论体系、社会主义核心价值观为核心的内容武装大学生头脑，指导他们树立科学的世界观、人生观、价值观时，要结合自媒体环境所呈现的新特点、新问题及自媒体给大学生思想、行为带来的各方面变化和新的要求，进行自媒体网络政治教育：引导大学生树立中国特色社会主义共同理想，坚定社会主义理想信念，继承和发扬中华民族优良传统文化，摒弃自媒体环境中的糟粕文化，培育爱国主义情感，增强政治敏锐性和辨别能力；进行自媒体网络道德和责任感教育，要通过制定具有可操作性的网络道德规范来教育学生，让他们养成自律、自爱、负责、尊重、文明的习惯，既不去污染网络环境，又能自觉抵制网络有害信息；进行自媒体网络法律教育，可以在“思修与法律基础”等课程中讲述有关自媒体违法犯罪的案例及相关的法律法规，让大学生了解、熟悉网络法规，增强法律意识及明确触犯法律后的严重后果；进行自媒体网络心理教育，这里既包括基本的常识教育，如人际关系教育、大学生情感教育、生活适应教育、就业教育、挫折教育等，又可以针对性地解决心理困惑、心理矫正，健康的心理状态往往能够在一定程度上预防自媒体网络安全风险的发生。

在完善内容的同时，利用多种自媒体平台、采用多样的形式进行教育。这就要求高校思想政治教育工作者（专兼职结合）创办具有特色的自媒体公众账号、自媒体群，在线交流法、关注跟踪法、网站吸引法等多种方法并用，将不同的内容以专题式、论坛式或咨询式的方式展开。结合时下比较新的素材，倡导平等分享互动，充分体会学生的苦恼与问题，启发学生如何正确面对和使用自媒体，如何处理现实和虚拟空间的关系。例如，在线创建“心理咨询”“就业指导—微信在线”“热点话题大讨论”等公众账号，真正让自媒体为学生服务，而不是被“奴役”。在线下也可以就自媒体网络安全开展各种活动，“我是文明自媒体人”演讲比赛、正能量的自媒体微视频征集大赛、自媒体文明上网签名活动、“最受欢迎自媒体”评选活动、“自媒体网络安全风险情景剧大赛”等，让大学生在活动中受到的教育升华，真正转化为内在的品质，并在活动中加以检验修正。

4. 建立自媒体网络安全教育的三位一体联动和落实机制

按照系统论的观点，任何系统都是一个有机的整体，它不是各个部分简单地机械相加，而是由相互影响、相互促进的多个部分组成的。高校自媒体网络安全教育也是一个系统，涉及高校学生的身心、思想、财产安全各方面，需要高校、家庭、社会共同完成。目前，我国高校的家庭、学校、社会联动教育机制的构建不尽人意，分析其原因是：缺乏一个政策、制度的保障，无法为家庭、学校、社会的合作提供政策和物质支撑；高校思想政治教育工作者合作开展的教育方式单一；家庭方面由于自身思想意识、综合素质的差异，无法认识和认同家校合作的模式；社会方面由于政策优惠、资金等方面缺乏支持，自觉性、积极性不高。

基于自媒体环境下大学生的网络安全现状，要尽快形成有力的合作机制，政策的保障是前提，高校的教育与监管是核心，家庭的参与是关键，社会的支持是动力。首先，国家相关部门要加快制定政策法规，提供合理的解决方案，配以相应的人财物力支持，为合作联动自媒体网络安全教育提供政策和物质保障。其次，高校、家庭、社会要转变观念，达成合力教育的共识，明确各自的责任。再次，家校要建立长期合作的有效机制。可以在大学新生入学时，召开家长座谈会，建立家长资源库，成立家长委员会，为日后了解教育学生提供家庭支持，对学校的管理教育提出意见；利用自媒体，建立家长留言板、学生动态观察栏，便于线上线下沟通交流，由于家长科学文化素质的差异，交流方式可因人而异，这里就要求家长需要尽量提高自身素质，避免与学校、子女的交流严重脱节。最后，建立学校与社会的合作机制，高校通过和社会中的网络企业建立合作关系，引进先进的网络安全防护技术、网络安全课程视频，为高校自媒体网络安全教育提供丰富的教学资源。

5. 促进大学生自我教育的内化和外化

任何事物的发展都是内因和外因综合作用的结果。大学生群体自身的防范意识、自律意识、道德意识、法律意识等缺乏是自媒体网络安全风险发生的内因，也是根本原因。对大学生进行自媒体网络安全教育和媒介素养教育，根本目的是要将教育要求内化为大学生的动机和意识，再由大学生将这些意识外化为行为并产生良好的行为结果，最终养成持久的道德行为习惯。所以促进教育内容的内化和外化是取得成效的重要标志，自媒体网络安全教育和媒介素养教育需要大学生进行积极地自我教育。

大学生应积极参加学校网络安全教育的学习和实践，对自媒体网络安全风险有一个清晰的认识，并在行动上严格要求自己。可以从几方面做起：首先是自律。在日常的自媒体使用过程中，一是时间上的自律，每天、每周控制在合理的时间内，即便是网上学习交流，出于身心健康的考虑，也要把握度；二是网络行为的自律，面对自媒体庞杂的信息，要学会独立思考，坚持自己的价值取向，不能人云亦云，要努力克服可能出现的“恶念”和“陋习”，自觉克制不良的情绪和情感，坚持自我批评、自我调节、自我进步。其次是辨别。对自媒体上的各种信息包括陌生人的示好、不明信息链接、不明图片进行较深入的理性分析，自觉抵制网络诱惑，以批判性的思维看待问题，吸收精华，远离糟粕，对于不良的信息网站要积极举报。在这个过程中，大学生的思维方式得到了很好的锻炼。再次是防范。即大学生在使用自媒体过程中，无论是网络技能还是安全意识都要增强。定期优化自媒体平台，安装防护软件，了解最新风险现状，发布消息的权限设置等。最后是慎行。习惯的养成需要一个持久的过程，“勿以善小而不为，勿以恶小而为之”。在日常坚持理性、合规地使用自媒体时，多参加相关的课外活动，从中感受科技带来的益处，将健康、善用自媒体变为一种生活方式，真正达到自媒体为“我”所用。

第三章 我国信息安全教育现状及信息安全专业课程研究

2016 年 8 月 3 日，中国互联网络信息中心（CNNIC）发布《第 38 次中国互联网络发展状况统计报告》，报告显示，截至 2016 年 6 月，中国网民规模达 7.10 亿，互联网普及率达到 51.7%，我国手机网民规模达 6.56 亿，网民上网设备进一步向移动端集中，手机上网主导地位强化。目前我国网上支付、互联网理财用户规模增长率分别为 9.3% 和 12.3%，大众线上理财习惯逐步养成。此外，我国在线教育、在线政务服务发展迅速，截至 2016 年 6 月，我国在线教育用户规模达 1.18 亿，较 2015 年底增加 775 万，半年增长率为 7.0%。手机在线教育用户规模为 6987 万，与 2015 年底相比增长了 1684 万，半年增长率为 31.8%。

但是网络安全是制约我国互联网产业继续快速发展的首要因素。2015 年互联网应急中心发现网络安全事件超过 12 万起，同比增长 125.9%。中国互联网协会 2016 年 6 月 23 日发布的《2016 中国网民权益保护调查报告》显示，从 2015 年下半年到 2016 年上半年的一年间，我国网民因垃圾信息、诈骗信息、个人信息泄露等遭受的经济损失高达 915 亿元。

因此，加强网络安全教育是当前一个极为紧迫的任务。2016 年 6 月 1 日，《我国公众网络安全意识调查报告（2015）》对外发布，报告揭示了当前我国公众网络安全意识教育存在的五大问题：一是网络安全基础技能不足；二是网络应用状况堪忧；三是个人信息保护存在隐患；四是法律知识薄弱、缺乏事件处理能力；五是网络安全意识技能提升渠道匮乏。特别是青少年网络安全基础技能、网络应用安全等意识亟待加强，老年人安全事件处理能力和法律法规了解程度急需提升。因此，急需加大力度普及推广网络安全意识教育，普及网络安全知识和技能，提升全民网络安全意识。

第一节 我国网络信息安全教育与培训现状和趋势

越来越严重的网络安全事件就像悬在人们头顶的“达摩克利斯之剑”，使网民随时处于危险之中，拷问着网络措施是否得当和到位。虽然在某些领域针对某些威胁有突破性的解决方案，但就目前而言，世界的网络安全问题还没有真正得到解决，整体似乎还处于技术瓶颈阶段，有待继续探索。而对于我们每个网民来说，提高网络安全意识，就可以避免一些常规网络安全造成的损害，将损失降到最低，从而在充满网络安全威胁的今天，最大化享受到先进互联网技术带来的乐趣。

一、重点城市网络安全教育培训现状

我国北京、上海、深圳、广州、成都等重点城市网络安全培训现状各有特色，其中北京、上海等城市的网络安全职业培训、大学生网络安全教育、中小学网络安全教育培训值得其他城市学习借鉴。

（一）北京网络教育培训行业发展现状及特点

1. 职业培训

北京市地区开展各种信息安全专业的职业培训，具有代表性的包括以下几种。

①信息安全从业人员资格认证、信息安全认证从业人员培训和信息安全技术与意识培训。注册信息安全专业人员（CISP）、注册信息安全员（CISM）培训是由中国信息安全测评中心统一管理和规范的信息安全专业培训，是目前国内最为主流且被业界认可的专业信息安全技术与管理人员资质培训。中国信息安全认证中心（ISCCC）是国家批准的信息安全专业认证与培训机构。ISCCC 通过开展面向信息安全产品认证工厂检查员、信息安全服务资质认证评审员、信息安全管理体系（ISO/IEC27001）认证审核员、IT 服务管理体系（ISO/IEC20000）认证审核员、信息安全管理体系和 IT 服务管理咨询师等信息安全认证从业人员的培训工作，提高了信息安全认证相关人员的执业水平，从而保障信息安全认证质量。

②网络信息安全工程师认证培训。为加快我国信息安全专业技术人才队伍培养，增强全民信息安全意识，推动企事业单位有效地进行信息安全系统的建设和管理，工信部建立了网络信息安全培训基地，下属的教育与考试中心开展

“全国信息技术人才培养工程、网络信息安全工程师高级职业教育项目”（以下简称“NSACE”）对网络信息安全工程师进行认证培训，是全国信息技术人才培养工程的重要组成部分。NSACE项目设置了三个能力级：初级（网络信息安全员）、中级（网络信息安全工程师）、高级（网络信息安全高级工程师），每个级别在网络信息安全组织能力、信息安全管理能力、信息安全技术能力上都有相应的要求，以适应不同网络信息安全工作岗位。

③信息系统安全等级保护相关培训。公安部信息安全等级保护评估中心是由国家信息安全主管部门为建立信息安全等级保护制度，构建国家信息安全保障体系而专门批准成立的专业技术支撑机构，也为企业提供相应的信息安全等级保护相关要求的培训，以及信息安全等级保护测评师培训，信息安全等级保护测评师分为初级、中级和高级。

④云计算安全知识认证（C-CCSK）培训。国际云安全联盟推出“云计算安全知识认证（C-CCSK）”，受到业界广泛认可和好评，C-CCSK认证相关课程，有助于企业IT技术人员增强对云计算技术的认知、全面地分析云安全风险并制定有针对性的防护方案，从而帮助企业更加安全地应用云计算技术。

北京网络安全职业培训机构主要单位包括中国信息安全认证中心、中国信息安全测评中心、工信部教育与考试中心、公安部信息安全等级保护评估中心，以及其他做信息安全专业培训的企业等。

2. 大学生网络安全教育培训

北京市的高校非常重视安全教育，各大学网站都有对网络安全的宣传，时刻提醒预防网络文化对大学生的消极影响。在教育部的统一指导下，北京市多所高校，包括北京大学、北京林业大学、北京交通大学以及北京邮电大学等，在全民国家安全日，针对本校的研究方向和学科所长分别开展了安全教育主题活动，涉及国家安全法、生态安全、网络安全等方面，以线上线下多种形式在校内外普及相关知识。

3. 中小学网络安全教育

北京目前已将安全教育纳入北京中小学课程，并把安全教育作为开学的第一课，安全教育的内容涉及多方面，其中就包括网络安全教育。为了强化学生的网络知识和技能基础，进行网络信息安全的引导与教育，北京市公安局和市教委共同主办“网安启明星”工程，开发了“网络安全”校本课程，在北京中小学试点开课，邀请搜狐、新浪、奇虎360、绿盟等知名网络企业的专家，从安全教育、案例分析、技术指导和实践操作等方面对中小学生进行网络安全教育培训。为提高网络安全防范意识，学习互联网系统应用中常见问题及防范技巧，北京市公安局、共青团北京市委主办，奇虎360公司承办了北京市网络安全主题教育基地，主要面向北京市中小学生设置了网络安全发展展示、网络安全知识授课、网络安全技巧互动等三大专门区域，开展卡通动漫展示、游戏体验、情景模拟等多项寓教于乐的体验活动。为保障全市校园网安全稳定运行，北京市教委主办，北京教育网络、信息中心、北京教育学院合作开展了北京市中小学网络管理教师的培训工作，提高了网络管理教师网络安全意识和解决常见问题的技能，取得良好效果。

（二）上海网络教育培训行业发展现状及特点

1. 职业培训

上海市地区开展各种信息安全专业的职业培训，具有代表性的包括以下几种。

①注册信息安全专业人员（CISP）培训。它主要为有关信息安全企业、信息安全咨询服务机构、信息安全测评机构、社会各组织、团体、企事业有关信息系统（网络）建设、运行和应用管理的技术部门（含标准化部门）必备的专业岗位人员提供培训。

②业务连续性管理体系（BCMS）培训。其培训课程专为需要全面掌握BCM基本原理及其实操技能的数据中心负责人与相关工作人员而设计。重点向学员讲解业务连续性计划（BCP）编制及其维护方法和流程，掌握搭建数据中心BCM组织架构与识别和分析既存、潜在风险和威胁的方法，确认其重要业务，编制切实有效的响应、恢复和重启程序，保障数据中心重要业务在灾难发生时能够持续运营。

③云安全知识认证（CCSK）系列培训。培养企业在云计算方面的安全人才，让所有和云计算有关的人员，可以获得广泛的安全知识，并且进一步取得国际上首张针对云安全的CCSK专业认证以协助企业评估、管理和维护云安全。

④信息安全管理体系（ISMS）培训。信息安全管理体系是指基于业务风险方法，建立、实施、运行、监视、评审、保持和改进信息安全的体系，目的在于识别组织及相关方信息安全要求及期望，通过过程管理方法，使组织获得一个可以受控的信息安全状态。

上海开展专业的网络安全职业培训机构包括：上海信息安全协会、上海信息安全测评中心、上海信息化培训中心，以及其他做信息安全专业培训的企业等。

2. 大学生网络安全教育培训

为切实提高上海大学生安全防范意识和自救互救能力，上海市教委近日正式启动大学生安全教育三年行动计划，明确提出推进教学计划、教师、教材、课时“四落实”。根据发布的《上海市大学生安全教育三年行动计划（2016—2018）》，上海各高校将完善课程设置，把安全教育纳入大学教学体系，按年级、学科、需要分级分类实施，安全教育课还将逐步列入大学生基础必修课，落实相应学分。同时，鼓励各高校积极开展校本安全教育教材开发，积极制作教育教学计划、教案、课件等教学资料和配套材料，探索案例教育和自我教育新途径。

今后上海大学生安全教育将借助“六个一”工程平台，包括一个开放的网上课程、一个供练习的题库、一个基于 PC 端的标准化练习和考试系统、一个基于智能化手机的标准化练习和考试系统、一本切合学生学习需求的教材，开展一年一度的大学生安全知识竞赛等。

3. 中小学网络安全教育培训

为全面推进上海市中小学安全教育，落实安全教育长效机制，上海市教育委员会发布关于开展上海市中小学“安全教育周”活动的通知，明确自 2014 学年起，上海市中小学每学期开学第一周为全市中小学“安全教育周”，在“安全教育周”中，中小学校要开展“六个一”安全教育活动，并进一步强化学校安全管理，主要内容为：学校要开展一次安全教育，组织一次应急疏散演练，开展一次识险避险、自救互救知识技能学习训练，学生要自主学习一门网络安全课程，查找一次学校或家庭安全隐患并提出消除隐患的意见或建议，完成一份安全教育作业。上海市还专门建立了一个上海市中小学生专题教育平台，这是一个为上海市中小学生提供各方面专题知识的专业在线学习平台，适合小学至高中各年级的专题教育网络课程，供上海市中小学学生学习，其中涉及上网安全的知识，通过网络安全专题教育网络课程的推广应用，拓展学生专题学习途径，丰富学生学习经历，从而提升学生的网络安全知识。

（三）广州网络教育培训行业发展现状及特点

1. 职业培训

广州市开展专业信息安全职业培训包括：

①网络安全专业技术人员继续教育培训。按照“公安部办公厅、人事部办公厅关于开展信息网络安全专业技术人员继续教育工作的通知”（公信安〔2006〕526 号）的相关要求及标准，开展“信息网络安全员”培训工作。

②信息安全意识培训。信息安全意识培训目的是提升客户的安全意识和水平。针对组织内全体员工，开展针对组织内不同对象的各种层次安全培训。

③信息安全专业技能培训。例如，专门信息安全技能培训，以帮助用户应对 APT 攻击（高级持续性威胁攻击）行为，并有效应对在网络空间突发的信息安全事件。

④信息安全管理体系（ISMS）培训。为给组织提供全方位的信息安全保障，围绕 ISO27001—2013 标准开展认证培训。

广州信息安全职业培训机构包括广州信息网络安全协会、广东省信息安全测评中心、广州赛宝认证中心，以及其他做信息安全专业培训的企业等。

2. 大学生网络安全教育培训

广东省各高校采取多种形式开展网络安全教育活动，包括网络安全大赛等。为进一步普及防骗知识，提高大学生群体防骗意识，广东省高校还邀请广州警务专家进行宣讲，提醒大学生不管是现实诈骗还是网络诈骗，都要加强防骗意识，切实做到“三不一要”：不轻信、不透露、不转账汇款，要及时报案。广东省教育厅在广州还定期召开全省高校信息网络中心主任工作会议，要求在完善信息化建设体制机制、推进智慧校园建设、持续加强移动应用创新、加大“网络学习空间人人通”的建设和应用以及推进信息系统安全等级保护工作等五方面工作中，要坚持科学统筹、协调发展原则，不断增强责任感和使命感，解放思想，真抓实干，务求实效，不断开创教育信息化事业发展新局面。

3. 中小学网络安全教育培训

为提高学生安全意识和自我保护意识，广州中小学也设立安全教育课程，并设置安全教育实验区，实验区有五个目标：一是探索建立学校安全的规范和标准；二是建立安全教育资源库；三是建立安全教育信息化的平台；四是建立学校安全教育平台和考核机制；五是建立一套线上线下开展安全活动，安全演练的机制。同时，广州中小学还邀请广州警察进校园，进行安全教育培训，安全教育的内容也包括网络安全，通过一系列的安全教育，从理念上、技能上、根本上强化学生安全意识和防范技能，促进“平安校园”建设。

（四）深圳网络安全教育培训现状及特点

1. 职业培训

深圳市开展专业网络安全职业培训有代表性的包括以下几种。

①信息安全保障从业人员认证（CISW）培训。为深圳市信息安全保障从业人员认证与培训服务，包括面向在校学生开展的预备级认证、在职人员的基础级（I级）认证和专业人员的专业水平认证（包括专业级II级和专业高级III级）四个级别。

② Security+ 认证培训。Security+ 认证是一种中立第三方认证，其发证机构为美国计算机行业协会（CompTIA），与信息系统安全专业认证（CISSP）偏重信息安全管理相比，Security+ 认证更偏重信息安全技术和操作。通过培训的专业人员可以胜任安全架构师、安全工程师、安全顾问、安全或系统管理员、信息保证技术员等职业，其培训内容主要包括网络安全、合规性和操作安全、威胁和漏洞、应用程序、数据和主机安全、访问控制和身份管理以及加密技术等方面。

③党政机关信息安全员专业技术培训。党政机关信息安全员专业技术培训由深圳市经济贸易与信息化委员会组织召开，旨在提升全市信息安全员的安全意识与安全技能。在深圳市网络与信息安全行业协会组织协助下，整个培训将覆盖全市共计 77 家相关单位，培训涵盖信息安全理论与攻防技术，关注国内外信息安全风险态势与热点信息安全事件威胁及应对，并搭建实验环境进行技术演示与讲解。深圳网络安全职业培训机构包括深圳市网络与信息安全行业协会、深圳市信息安全测评中心以及其他做信息安全专业培训的企业等。

2. 大学生网络安全教育培训

深圳市对大学生的网络安全教育进行了探索和实践，对大学的安全教育包括信息安全教育，以深圳大学为例，加强普及大学生对钓鱼网站、身份认证、假冒热点、恶意二维码识别等知识宣传，以增强大学生信息安全意识。深圳市还非常重视深圳世界大学生运动会网络与信息安全保障。

3. 中小学生网络安全教育培训

为了进一步加强安全教育，引导中小学生珍惜生命，切实加强安全意识，深圳市公安局和市教育局联合主办，深圳习习网络科技有限公司协办了中小学生多媒体在线安全知识竞赛等活动，活动采取学习、练习、竞赛相结合的方式，涉及交通、消防、校园、校外和网络安全五个方面内容，活动有效地开展了对中小学生的安全教育培训，其中包含的网络安全知识提升了中小学生网络安全意识。此外，深圳市还非常重视中小学生校园网络的网络安全。

（五）成都网络安全教育培训现状及特点

1. 职业培训

成都市开展专业的网络安全职业培训有代表性的包括：

①网络安全专业技术人员继续教育培训。按照“公安部办公厅、人事部办公厅关于开展信息网络安全专业技术人员继续教育工作的通知”（公信安〔2006〕526号）的相关要求及标准，开展“信息网络安全员”培训工作。

②信息系统安全管理人员培训。包括信息安全从业人员资格认证、信息安全认证从业人员培训和信息安全技术与意识培训。

③信息系统安全等级保护相关培训。为企业提供信息安全等级保护相关要求培训。

成都开展专业的网络安全职业培训机构包括成都信息安全协会、四川信息安全测评中心、成都市信息系统与软件评测中心以及其他做信息安全专业培训的企业等。

2. 大学生网络安全教育培训

成都市对大学生的网络安全教育采用了多种多样的形式，包括在高校设置网络安全大赛，加强网络安全宣传等。为加强青少年网络安全教育，根据四川省委网络安全和信息化领导小组的安排，人民银行成都分行主办、相关银行机构承办的金融网络安全宣传走进高校活动，采取播放视频、现场体验、讲解答疑、发送知识小册子等多种方式，生动、直观地对金融网络安全基本知识、风险隐患、典型案例、防范技能、防护技术和产品等内容开展宣传，帮助大学生了解金融网络安全知识，认识金融网络存在的风险及危害，树立良好的金融网络安全防范意识。

3. 中小学生网络安全教育培训

成都市以学校安全教育平台为主阵地，继续深入推进安全教育进学校、课堂、家庭、社区工作。成都市建立的成都市学校安全教育信息化平台，不仅可以对师生进行安全教育，还可以将家长也纳入学校安全教育范围，实现学生安全教育和监管的家校无缝配合，该平台上有大量安全知识内容，涵盖溺水、交通事故、火灾、地震逃生、网络安全等，可以在网上对全市教师和中小学生开展授课，进一步加强全市中小学生暑期安全事故防范意识，提高自救自护能力，使每一个学生度过平安快乐的假期。成都市教育局还要求全市1100余所中小学在暑假放假前的最后一节课，有计划地统一安排安全教育。

二、网络安全教育培训趋势

趋势一：引进先进理念和系统的网络安全教育体系。做好网络安全教育培训，必须先整合国际和国内两种资源，尤其要建立不同形式战略联盟，共谋网络安全教育培训发展新路。要引进国际先进理念和系统的网络安全教育体系，针对不同年龄、不同教育层次研究一整套规范操作方法，拓宽网络安全教育培训渠道，让受训者可以接触到网络安全先进理念、系统的教育培训和丰富的实践体验。

趋势二：借助网络化学习加强网络安全教育培训。未来的培训会更多地借助互联网进行培训，根据 CNNIC 第 38 次全国互联网发展统计报告显示，在线教育领域在不断细化，用户边界不断扩大，服务朝着多样化方向发展，同时移动教育提供的个性化学习场景以及移动设备触感、语音输出等功能性优势，促使其成为在线教育主流。通过互联网加强网络安全教育培训，可让市民、学生随时随地利用互联网进行学习或接受网络安全知识教育培训，从而实现网络安全知识和技能的普及，提升全民网络安全意识。

趋势三：加强学生的网络安全教育培训。网络是一把双刃剑，它给学生带来极大好处和便利的同时，也引发了具有网络特色的安全问题。学生的网络安全教育在内容上必须包括网络法制教育、道德教育、安全防范技能教育以及网络心理健康教育四个方面的内容。大学生、中小学网络安全教育必须要有针对性，例如大学生是网民化程度最高的一个群体，大学生的网络法制教育就比中小学生更为重要。

趋势四：加强教师的网络安全教育培训。随着网络安全问题逐步显性化、网络安全威胁日趋严重，教师网络安全意识和防范技术必须不断提高和加强。学校教师，尤其中小学教师应了解相关网络安全法律、法规，了解学生使用网络现状，意识到网络在增强青少年与外界沟通交流的同时，难免会因一些不良内容对他们造成心理和生理伤害。应加强网络安全和道德教育，积极、耐心引导学生，使他们形成正确态度和观念去面对网络。同时，给学生提供丰富、健康的网络资源，为学生营造良好网络学习氛围，并教育学生在网上自觉遵守道德规范，维护自身和他人合法权益。

趋势五：完善网络安全教育职业培训。网络安全教育职业培训对象主要为企事业、党政机关从事网络安全管理的人员，这些人员职业素质提高关系到各单位网络安全管理水平。因此，网络安全教育职业培训是一个系统工程，其网络安全培训教材研发需要结合企业实际并不断完善，同时还需要完善网络安全职业培训的师资队伍，要建立一套行之有效的甄选、考核机制，提高师资的素质和能力。此外，还需要丰富网络教育职业培训的互动形式，结合成年人学习特点，在培训方法上进行创新。

第二节 "互联网+"时代网络信息安全教育的思考

"互联网+"时代网络信息安全教育关系到国家网络空间安全战略的实施、网络空间命运共同体的构建、社会网络信息安全生态的形成及网络信息产业的发展，更与全民的工作生活与健康成长休戚相关。

我国自1994年接入互联网以来，经济发展和人民生活便与互联网相伴相生。随着"互联网+"这一新业态的出现，更是成为经济发展的新引擎，强势助推并驱动着世界的改变，拉近并影响着世界范围内的沟通与交往。"互联网+"时代，信息开放生态的形成与大数据的产生突破了传统的虚拟空间结构，使得联结一切成为可能，在此过程中衍生出的网络信息安全问题也愈加凸显并发展成为全球性问题，受到世界各国的高度关注和积极应对。妥善处理这一问题对于我国的经济社会发展至关重要，直接影响到国家的网络战略实施与产业发展、公民的网络空间交往与行为养成。化解网络信息安全问题的核心要素是人，因此，分析与探索对人的网络信息安全教育成为当前实现网络信息安全过程中需要重点思考的问题。

一、"互联网+"时代网络信息安全教育的必要性

"互联网+"时代，网络信息安全教育的精准实施要建立在对其必要性充分认知的基础之上，无论从网络信息安全问题的负面效应审视，还是从问题产生的主观因素分析，实施网络信息安全教育都是必要的。

（一）网络信息安全教育的客观必要性

"互联网+"时代，网络信息开放、共建、共享机制的形成，既给经济社会发展提供了重要决策依据，也衍生出诸多网络信息安全问题。

①从经济层面看，网络信息安全问题对国家和公民的财产安全构成威胁。数据显示，仅在2016年，遭遇过网络安全事件的网民占70.5%，其中首要问题是网络诈骗，占39.1%。聚焦诈骗缘由，比例最高的是虚假中奖信息，占75.1%。此外，360安全中心监测数据也显示，过去一年，用户标记的诈骗短信为6.1亿条，诈骗电话为48.9亿次。从政治层面看，网络信息安全问题影响

着国家的政局稳定与政治生态和谐。在2016年美国大选期间，因民主党网络系统遭遇黑客入侵造成的大量邮件披露对希拉里的总统竞选产生了致命冲击，这一“邮件门”事件也被认为直接影响了美国的总统选举。

②从文化层面看，网络信息安全问题影响着国家的文化建设与信息化发展。一方面，网络信息漏洞给恶意网络文化入侵提供了可乘之机，挑战着主流意识形态，冲击着社会的主流道德观念与价值取向；另一方面，网络信息风险影响着国家的信息化建设特别是文化领域的信息化发展。目前，尽管中国信息化发展水平有了大幅度提升，全球排名已由2012年的第36位跃升至2016年的第25位，但较世界先进水平仍有很大提升空间，特别是文化的信息化建设水平亟待加强。

③从社会层面看，网络信息安全问题影响着社会的秩序稳定。例如，2017年5月，WannaCry勒索病毒的广泛传播，使包括中国在内的全球150多个国家受到攻击，造成交通、银行、医院、学校等关键部门运作不畅，给社会生产和人们生活带来了诸多不便。更为严重的是部分事件甚至影响到了公民特别是青少年的价值观念与身心健康，如备受关注的“徐玉玉案”，直接造成了当事人死亡。也有数据显示，大量的青少年犯罪者在实施犯罪行为前都曾通过网络接触过暴力或色情信息，尽管这一举动与犯罪行为的产生并无必然联系，但一定会影响其学习生活和身心健康并成为其犯罪行为的诱发因素。面对网络信息安全问题带来的巨大负面影响，我们必须采取措施，积极加强网络信息安全教育，妥善化解相关问题，使其负面影响最小化直至完全消除。

（二）网络信息安全教育的主观必要性

网络信息安全问题的产生不仅源于信息安全自身防御体系的漏洞和信息安全防范技术的缺位，更与网络信息生产者、传播者、接受者相对较低的信息安全素养密不可分。在网络信息生产方面，由于信息生产者安全素养的参差不齐，致使部分精致的利己主义生产者在信息生产过程中出于个人私欲的满足而主动生产出威胁他人合法权益的网络信息，影响他人生产、生活的同时威胁着社会的良好秩序。在网络信息传播方面，部分传播者由于自身安全意识缺乏，不能自觉辨识潜在的网络信息风险和错误信息，致使其混入主流信息并广泛传播，给信息接收者带来一定的安全隐患。在网络信息接收方面，部分接收者安全意识淡薄，缺乏网络信息危险的警觉性与防范意识，致使接收的信息存在安全隐患并在病毒入侵时集中爆发。也有部分接受者虽然意识到了相关隐患，但由于侥幸心理作祟，不能及时、适时进行漏洞更新和信息查杀，为病毒入侵提供可乘之机。还有部分接受者虽然意识到网络信息的潜在威胁并力图弥补，但由于技术制约，致使面对危险无能为力。这一系列由于主观因素造成的网络信息安全问题警示我们必须加强安全教育，全面提升网络信息参与者的整体安全素养，只要具有了网络信息安全意识，掌握了网络信息危险防范技术，在网络信息传播过程中就会避免由极小威胁带来的巨大负面影响。

从网络信息安全教育客观与主观的双重必要性分析来看，实施网络信息安全教育是势之所趋。以美国为首的西方发达国家已经注意到网络信息安全问题，积极开展相关工作且已上升为国家战略。例如，美国提出了“信息系统保护的国家计划”“国家网络安全教育培训计划”、《网络信息安全加强法》，设立了“国家网络安全意识月”；俄罗斯提出了“国家计算机安全机制”“国家信息安全学说”“俄联邦国家安全构想”等。这一系列举措的实施进一步巩固了其国内的网络信息安全生态，为抢占国际互联网信息资源并发展信息产业提供了可靠保障。党的十八大以来，以习近平同志为核心的党中央也积极倡导网络安全，加快实施国家网络空间安全战略，力主构建网络空间命运共同体。这一目标的实现，离不开“风清气正”的网络空间营造，习近平强调：“网络空间是亿万民众共同的精神家园。网络空间天朗气清、生态良好，符合人民利益。网络空间乌烟瘴气、生态恶化，不符合人民利益。”

“互联网 +”时代，网络空间的营造不仅需要硬件支持，更需要软件助力，其核心即需要全面发挥个人在网络空间建设中的主观能动性，这与其网络信息安全素养息息相关，需要不断加强网络信息安全教育。特别是随着网络的普及和各领域入网率的不断提升，网络信息安全教育问题变得更加重要。同时，互联网使用人数的与日俱增也迫使我们必须重视全民网络信息安全教育。聚焦互联网主要功能的使用，可知互联网不仅是公民获取信息的重要平台，更因涉及出行、财产、教育等诸多领域而与公民生活息息相关，企业中计算机的使用率更高达 99%。面对如此庞大的互联网参与者，适时、及时地强化他们的网络信息安全素养至关重要，不仅关系到互联网的良好运行和价值的正向发挥，更关系到国家的网络形象和全球网络影响力。所以，我们要因势而谋、应势而动、顺势而为，把握住“互联网 +”这一重要的发展契机，加快实施网络信息安全教育，实现全民网络信息安全素养的整体提升。

二、“互联网 +”时代网络信息安全教育问题

网络信息安全教育的创新归根结底要服务于现实、服务于问题，以问题的妥善解决为目的。因此，思考“互联网 +”时代网络信息安全教育，需要分析

当前教育存在的问题及其原因。

（一）网络信息安全教育重视程度不足

思想上高度重视是网络信息安全教育工作持续推进的前提，也是提高教育有效性的关键。在当前网络信息安全教育过程中，许多管理者与教育者的重视程度不足，不仅体现在机制建设上，更体现在工作计划上。在机制建设方面，存在着管理机制不健全、工作机制不完善的问题，表现为网络信息安全教育工作缺乏专人主抓，缺乏部门间的纵向联通与横向协作和跨行业、跨地区的通力合作；在工作计划方面，一些管理者与教育者的计划性较弱，面对时代发展与技术进步缺乏超前意识和长远眼光，不能积极实现网络信息安全教育的与时俱进，对于非学历教育、社区教育、专题宣讲等工作中的网络信息安全教育也缺乏组织、安排和实施，难以实现网络信息安全教育的全覆盖，导致网民的信息安全素养参差不齐，认知存在误区。究其原因，主要有两个方面：其一，一些管理者心存侥幸，在他们看来，网络信息安全问题是局部性的小概率事件，在自己的负责领域难以遇到，这一问题带来的影响是微小的，不会对整体工作造成颠覆性影响；其二，一些教育者的整体教育意识不强，还缺乏普及意识，认为维护网络信息安全由专业人士负责，忽视了公民整体信息安全素养提升的积极意义。

（二）网络信息安全学校教育问题突出

学校教育是网络信息安全教育的主渠道，“互联网 +”时代，网络空间竞争的核心是人才的竞争，加速人力资本的积累离不开学校网络信息安全教育。然而，我国目前网络信息安全的学校教育存在诸多问题。

首先，教育接续性不强，网民学历层级不高，特别是高学历网民人数偏少。数据显示，中国网民群体中，小学及以下学历人群为 16.0%，初 / 高中（含中专、技校）学历人群为 63.4%，高等教育学历人群为 20.7%，而网民的受教育水平一定程度上与其网络信息安全素养成正相关关系。

其次，教材建设缺乏系统性。目前用于网络信息安全教育的教材侧重计算机网络安全的专业型教材多，联系网民生活的普及型教材少；用于知识灌输的理论型教材多，用于操作训练的实践型教材少；专注于课堂的教学型教材多，专注于文化的拓展型教材少；此外还存在着专题型教材多、综合型教材少的问题，特别是全面介绍网络信息安全意识、知识、技术、法律、道德等内容的书籍更为缺乏。

最后，非专业学生的实践训练欠缺。现有实验室、实训基地、实践平台多为专业学生服务，非专业学生仅有的实践即辅助课堂教学的上机训练，难以实现对网络信息安全知识、理念的融会贯通，必备防范技术的掌握更为有限。

学校这类教育问题的出现，一方面是公民日益增长的网络信息安全教育需求与有限的教育力量供给之间的矛盾造成的，由于这方面的教学力量薄弱，很难将网络信息安全教育完全纳入现有的课程教育体系与校园实践活动，减弱了受教育者网络信息安全意识及对其行为的引导；另一方面是学校教育过程中处理专业性与普及性的关系欠妥，致使教育过多专注于专业层面，对于普通学生的网络信息安全教育缺乏教材、课程的系统性研发与实验基地、社会活动的针对性配置。

（三）网络信息安全教育统筹规划欠缺

树立全局意识，统筹规划网络信息安全教育工作，是确保网络安全、提升教育质量的关键。当前，在网络信息安全教育工作中存在着统筹规划欠缺的问题，主要体现在两个方面。第一，教育力量的统筹配置欠缺。在网络信息安全教育过程中，单纯依靠学校发力，没有形成政府、企业、学校、家庭、个人等多角色的联动和教育的协同用力，尽管一定程度上提升了部分公民的网络信息安全素养，但是难以形成网络信息安全教育的长效机制。第二，教育内容的统筹安排欠缺。在内容安排上过多专注于知识性教育，对受教育者意识熏陶、道德养成、法治思维训练、安全行为引导等关注度不够。然而，网络信息中最大的安全威胁往往不是由知识欠缺造成，而是由比知识更具隐蔽性的思想、道德缺乏等造成。这一问题也致使受教育者尽管掌握了大量的网络信息安全知识，却在面临网络诈骗、信息犯罪、系统入侵等风险时仍缺乏自我防范意识和安全应对技术，造成个人财产损失、隐私泄露，给自身带来身体、心理等的严重伤害。

此外，由于缺乏基本的网络伦理和法律意识，一些人虽然掌握了一定的网络信息技术，但却成为其突破道德法律底线，实施违法活动的技术手段，破坏了稳定的网络安全空间。追本溯源，问题的产生与教育的体制机制紧密关联，现有教育框架下，不仅学校与其他教育力量之间的屏障难以真正打通，教育合力生成困难，受教育评价机制影响的教育者在力量投入上也过于单一，而且专注于与网络信息安全息息相关的隐性教育内容如道德、法律等的发掘、教学和研究的教育者数量严重不足，致使受教育者的网络信息认知存在缺陷，直接影响着受教育者的网络信息行为，造成了一系列的网络信息安全问题。

（四）网络信息安全教育方式、方法滞后

网络信息安全教育效果的实现与教育方式方法的有效性密切关联，方式方法的科学性、持续性、灵活性、精准性直接决定着受教育者对网络信息安全内容的认知和理解、内化和外化。现有的网络信息安全教育方式方法存在明显的滞后性。首先，方式方法缺乏针对性。在网络信息安全教育过程中，不仅教育对象具有层次性，培养目标也有差异性，现有方式方法缺乏精准性和分类指导，不仅影响了专业化的人才培养，也难以为大众所真正接受，特别是"90后""00后"新生代受教育者，对于传统方法的接受度极为有限。其次，方式方法缺乏一体化理念，难以实现网络信息安全的全过程教育。再次，方式方法侧重理论灌输，缺乏实践引导，影响了受教育者的操作能力。最后，在网络信息安全全民教育过程中，教育方式方法多停留在口头传播和内容宣讲，没有做到跟进教育对象，出现了教育方法与目标受众的错位。溯其根源，主要是教育者在教育过程中不能恰当平衡时代发展的持续性与教育滞后性的关系，不能真正做到网络发展到哪里，网民出现在哪里，网络信息安全教育就跟进到哪里。同时，教育者自身理念的局限也影响其教育的方式方法。例如：受专业化教育理念影响的教育者更倾向于专业人才的培养与教育；受阶段化教育理念影响的教育者只关注教育的部分阶段；受目标导向影响的教育者在教育过程中出现定位偏差，致力于实现既定教育目标，而无法满足受教育者的现实需求。

三、"互联网+"时代网络信息安全教育的新路径

树立问题意识，关键是分析问题和解决问题。"互联网+"时代，面对网络信息安全教育过程中存在的突出问题，必须树立大视野，实现网络信息安全教育的多维度着力、多角色参与、多形式互动，推动建立网络信息安全教育的全方位、全员、全过程育人新格局。

（一）坚持网络信息安全教育的多维度着力

网络信息安全教育与网络信息安全一一对应，缺少任何一个方面的教育都会触发网络信息安全防护的短板，影响整体的防护质量。信息安全素养强调个体面对信息时所拥有的安全意识、道德、法律、防护技能等要素的集合。因此，强化网络信息安全教育要从思想、道德、法治、技术等不同维度入手，通过多维度着力，打造网络信息安全教育的全方位育人新模式。

首先，着力思想维度，促进安全意识养成。既要帮助受教育者认识网络信息安全的相关知识和防范技术，增强其面对网络信息威胁的自制力与自觉性；

又要帮助其从网络信息入手，充分把握网络信息的动态性、交互性、无序性、开放性等特点，减少对网络信息安全的认识误区，如“防火墙一切防”“病毒一杀就全无”等，形成网络信息的主动安全防御意识和正确的网络信息安全观。

其次，着力道德维度，形成安全道德约束。道德教育对于所有类型的教育来说都是最关键的，是全面发展教育的根基，在网络信息安全教育过程中必须高度重视和认真对待。要以社会主义核心价值观为引领，以社会道德为基础，积极建立公民的网络信息安全道德约束机制，加强对公民的道德教育和约束；要充分借助网络平台、自媒体宣传正确的网民公约，主动打造绿色的网络生态；要引导公民主动履行网德要求，恪守网德规范，正确认知并合理运用网络信息，主动鉴别并自觉抵制不良信息，形成个人的道德准绳，规制个人的网络言行。

再次，着力法治维度，完善安全治理体系。习近平明确强调互联网不是法外之地。在网络信息安全教育过程中，要特别注重完善治理体系，培育受教育者的法治素养。一方面，加大网络信息安全的相关法律普及，帮助受教育者理解法律宗旨，明确法律条文，树立法治思维，自觉遵法、守法、用法、护法；另一方面，借鉴生活中典型的网络信息安全违法案例警示受教育者绷紧法律弦，恪守法律线，牢记法律规范，不挑战法律，不突破底线。同时，还应不断完善惩治网络信息犯罪的相关法律、法规，建设网络信息安全教育的相关制度，强化对网络空间的秩序维护。例如，2016 年 11 月发布的《中华人民共和国网络安全法》和 2016 年 12 月发布的《国家网络空间安全战略》，不仅实现了网络信息安全教育的有法可依，还指明了网络空间安全工作的未来方向，推动形成网络信息安全的常态管理机制和长效教育机制。

最后，着力技术维度，实现安全技术操作。在网络信息安全教育过程中，真正实现网络信息安全离不开对受教育者的技术教育，特别是对非专业受教育者的实训与试训，实现其对网络信息事件的亲自感知与亲力亲为。一方面，要坚持学以致用，注重对受教育者的技能训练，增强其安全技术防范能力，抵御基本的网络信息安全威胁；另一方面，要注重技术操作的与时俱进，实时更新网络操作技术并加大对受教育者的培训力度，避免现有的技术能力滞后于网络信息的发展动态。此外，在网络信息安全的技术教育过程中，还应注重核心技术的自主研发与交流共享，统筹开放创新与自主创新，为网络信息安全教育提供丰富的技术资源。

（二）倡导网络信息安全教育的多角色参与

网络信息安全教育作为一项社会系统工程，既要服务于社会，又要立足于社会，实现教育的社会协同，通过社会的力量集聚与合力生成，形成网络信息安全教育全员育人的新思路，打造“社会共育”的新模式。该模式主要包含六大角色的功能发挥。

其一，发挥政府的主导角色。要实现专人专岗，高度重视网络信息安全教育工作，已成立的中央网络安全和信息化领导小组表明中国政府对网络信息安全的高度重视。要积极推进政府职能转变，加强统筹规划，实现统一领导，建立完整的网络信息安全教育体系，制定全民计算机科学教育普及计划，调动全民学习热情，提高其网络信息安全意识和防护能力。要注重网络信息安全教育的社会环境营造，加大主流媒体特别是新媒体的利用程度，积极推进融媒体平台建设，形成强大的舆论场和传播阵势，发挥教育的磁场效应，使处在场中的公民自觉约束个人行为并形成良好的网络使用习惯。

其二，发挥企业支持角色。企业以获取商业利润为目的，但同时也承担着不可推卸的社会责任。习近平指出：“希望广大互联网企业坚持经济效益和社会效益统一，在自身发展的同时，饮水思源，回报社会，造福人民。”因此，在网络信息安全教育过程中要积极发挥互联网企业优势，借助其专业化的技术和平台如大数据技术、云空间，为网络信息安全教育提供相应的实践平台、数据参照、师资培训、学生实训。

其三，发挥学校、科研机构主渠道角色。作为网络信息安全教育的主阵地，学校和科研机构应该主动担负起教育和培训全民网络信息安全的重任，积极实现教育的供给侧改革，加大教育的力量投入。要积极加强师资队伍建设，重视师资培训，实现专业型教师向专家型教师转型，普通型教师向专业型教师转变。要实施层次性教育，通过专业信息安全、应用信息安全、普及信息安全等的分类教育，增强网络信息安全教育的针对性与精准性。要转变单一课堂模式，主动实现校内外教育联合，积极开辟网络教育新平台。要促进教材革新，以受众需求为导向，积极推出时代性与趣味性、专业性与普及性、专题性与综合性相结合的网络信息安全教材。

其四，发挥行业协会协调角色。要主动强化行业协会建设，通过其搭建政府、企业与公民的有效沟通渠道，发挥组织、咨询、服务、培训等功能，实现主体的合理定位与积极参与，实现区域的资源全面共享，促进网络信息安全教育的均衡发展。

其五，发挥家庭引导角色。家庭教育是公民网络信息安全的第一教育，父母的行为和家庭教育状况与子女网络行为的产生特别是不良网络行为之间有着内在的关联性。因此，在网络信息安全教育过程中，要积极强化家庭引导，既要鼓励父母根据子女的成长阶段与发育状况，适时介入并进行主动的教育，又要实现父母对子女网络行为的监督和引导，通过充分预估网络环境中的潜在风险，积极实施预警式教育，不断增强家庭成员的网络信息安全意识和家庭责任意识。

其六，发挥个体主体角色。在网络信息安全实现过程中，个体主观能动性的发挥至关重要，因此，网络信息安全教育要注重个体主体意识的塑造，帮助其自觉养成良好的安全操作习惯，增强主动识别与自主防护能力，实现个体行为的保密性与可控性，有效规避网络信息风险，科学预防安全事故发生，积极实现网络价值发挥。“三分技术、七分管理”是“互联网＋”时代网络信息的发展态势，要积极鼓励个体自觉学习并主动提高自我的网络信息安全管理能力。

（三）推动网络信息安全教育的多形式互动

网络信息安全教育的全景式审视与大格局实施，离不开多元化教育形式的协作与配合，因此，要主动创新方式方法，实现网络信息安全教育的全过程育人新形态，打造专业性与普适性并举的分类育人模式。

1. 实现教育的层次化

立足网络信息安全的普适性教育，要实现教育的层次化。面对不同教育对象，要依据其个人喜好、学历层次、时间安排、素养空缺等进行针对性教育，增强社会成员的普适性认知，形成网络信息安全教育的常态化机制。例如，以学历层次为分类依据，面对低学历群体时，既要以知识宣讲为主，在社会调研的基础上进行重点宣讲、选点宣讲，也要借助主流媒体、自媒体、宣传栏、广告栏、电子屏、社区活动室等载体进行网络信息安全的热点问题宣传和防范技能培训；面对中等学历群体时，要依据其时间与个体需要积极组织专题培训、集中宣讲、集体体验、模拟实验，不断增强其网络信息安全的意识与防范能力；面对高学历群体时，要侧重专业性的理论教育和技能训练，广泛借助专业实验室和社会实践平台，实现普通人才的专业化转型，发挥其在网络信息传播过程中的安全示范效应；面对特殊的学生群体时，要依据受教育时段，结合其理解能力与接受程度，划分网络信息安全的知识等级并对应相应学分，激励学生必修基础学分，挑战高难度学分；对于高学历和高技能的学生要施行专业化培养，以此实现网络信息安全教育的接续性。在搞好网络信息安全教育第一课堂的同时，还要积极借助第二课堂，实现教育的渗透与拓宽。例如，积极利用社团、学生会等学生组织开展网络信息安全的知识普及，举办网络信息安全的知识竞赛、游戏竞技、演讲辩论、话剧展演、技术培训等，通过多元化的形式增强学生对网络信息安全的理解力和接受力。

2. 注重教育的阶段性

立足网络信息安全的专业性教育，要注重教育的阶段性。党的十八届五中全会提出实施“社会治理精细化”，同样，在网络信息安全教育过程中，专业化的人才培养也要实施精细化模式，这要求教育者在教育过程中要注重阶段性强化，把握重点阶段，丰富教育形式，增强网络信息安全教育的精准性。按照“一体化、分阶段”原则，实现网络信息安全教育工作的有序推进，要在一以贯之的前提下重点着力以下阶段。在认识阶段，要注重网络信息安全教育的视觉与情感体验，帮助受教育者增强学习的主动性和积极性；在学习阶段，要统筹理论与实践、国内与国外、技术与伦理、道德与法律，通过多种理论的教育实现受教育者对网络信息安全的系统认知和把握；在实践阶段，要积极建设高精尖实验室，增强软、硬件配置，帮助学生获取真实的感受和感悟，要积极开拓校外资源，实现校际联动、校企结合、校社互动，为学生争取更多的实践机会与实训平台，丰富学生的实践经验；在运用阶段，要注重学生的正确行为引导和创新意识培育，挖掘潜能，推崇原创，增强学生的安全意识与创新能力；在反馈阶段，要实现对受教育者的长期追踪与动态调研，及时掌握其在市场化竞争中的行为表现，结合反馈意见主动调整、完善培养方案，实现网络信息安全教育模式的与时俱进，同时积极利用网络平台与新媒体实现对受教育者网络信息安全的再培训与再教育，打造专业化人才的常态化培养机制；在共享阶段，要注重受教育者安全意识、责任意识、产权意识、法律意识等意识的培育，通过宣传、案例警示等活动强化正确认知，帮助其形成全面、科学的网络信息安全素养。习近平强调：“没有网络安全就没有国家安全，没有信息化就没有现代化。”

“互联网 +”时代，国家的网络安全维护与现代化发展不仅依靠互联网技术的进步，更离不开互联网创造者与使用者的细心呵护。只有不断加强网络信息安全教育，才能提升社会成员的整体网络信息安全素养，增强国家的网络安全指数，形成网上网下同心，凝聚社会共识，汇聚社会力量，积极发挥互联网社会动员功能，共同助力构建网络空间命运共同体的伟大工程。

第三节 信息安全专业课程建设与知识体系构建

一、信息安全专业课程建设

目前国际国内信息安全的形势严峻，但是从事信息安全的专业人员相对短缺，因而迫切需要高校培养合格的从事信息安全工作的专业人才。如何培养高素质的信息安全专业人才也是高校办学面临的新的挑战。

（一）信息安全专业课程建设的现状

课程建设是专业建设和办学的重要内容，目前在信息安全专业的课程建设上主要涉及以下几个方面。

1. 信息安全专业的知识结构

与传统的计算机专业不同，信息安全本科专业将在全面培养学生计算机技术知识的基础上，更侧重信息安全专业知识的教育。信息安全是一个综合、交叉学科领域，它要综合利用数学、物理、通信、法律和计算机诸多学科的长期知识积累和最新发展成果。按照研究的角度和内容不同，信息安全具体包含的知识结构包括以下几点。

①密码理论与技术，即基于数学的密码理论与技术（包括公钥密码、分组密码、序列密码、认证码、数字签名、散列函数、身份识别、密钥管理、PKI技术等）和非数学的密码理论与技术（包括信息隐形、量子密码、基于生物特征的识别理论与技术等）。

②安全协议理论与技术安全协议的研究，主要包括两方面内容，即安全协议的安全性分析方法研究和各种实用安全协议的设计与分析研究。实用安全协议主要包括电子商务协议，IPsec 协议，TLS 协议等。

③安全体系结构理论与技术，主要包括安全体系模型的建立及其形式化描述与分析，安全策略和机制的研究，检验和评估系统安全性的科学方法和准则的建立，符合这些模型、策略和准则的系统的研制（比如安全操作系统、安全数据库系统等）。

④信息对抗理论与技术，主要包括黑客防范体系、信息伪装理论与技术、信息分析与监控、入侵检测原理与技术、反击方法、应急响应系统、计算机病毒，人工免疫系统在反病毒和抗入侵系统中的应用等。

⑤网络安全与安全产品，包括网络物理安全和逻辑安全，还包括网络安全

整体解决方案的设计与分析、网络安全产品的研发等。常见的网络安全产品有防火墙、安全路由器、虚拟专用网（VPN）、安全服务器、CA 和 PKI 产品、用户认证产品、入侵检测系统（IDS）、漏洞扫描工具、网络监控系统、取证系统、陷阱系统、安全数据库和安全操作系统等。

2. 信息安全学科的课程设置

根据信息安全学科的知识结构，信息安全本科专业在已有的计算机专业的基础上进行了学科设置，添加了涉及信息安全知识结构体系的各个方面的课程，大体上包含六大类的课程（基础、选修和必修课）。公共基础课包括英语、政治、体育等；物理类课程包括大学物理、物理基础试验、数字逻辑电路、电路分析和试验等；数学类课程包括高等数学、线性代数、离散数学、概率统计、代数与逻辑等课程；通信类课程包括计算机网络、通信原理、数字信号处理等课程；计算机类课程包括计算机文化基础、程序设计语言、数据结构、操作系统、编译原理、数据库、软件工程等课程；信息安全类课程包括密码原理、协议安全、信息安全体系结构、病毒理论与防治、网络安全检测与防范技术、对抗技术、安全产品、数字鉴别及认证系统、安全管理、安全取证、信息安全的法律基础等。各个大学主要在信息安全类课程的设置上各具特色。

3. 信息安全学科的实验室建设

信息安全专业是一个实践性很强的专业，对实验室的建设、试验设备等的要求较高。比较有名的信息安全实验室，如中国科学院信息安全国家重点实验室、中科院高能物理所、软件所、计算所等单位都具有良好的网络安全试验设备或试验中心，这些研究单位主要培养的是信息安全硕士、博士人才。此外，中国科技大学、上海交通大学等院校也建立了各自的信息安全研究中心或实验室。

4 信息安全学科的教材建设

目前信息安全本科专业教材的建设正处于发展阶段，武汉大学组织编写出版了全国第一套信息安全本科专业教材，目前已出版了《密码学引论》《网络安全》等 6 本教材；中国计算机学会教育专业委员会和清华大学出版社联合组织全国二十余所重点院校，编写了“高等院校信息安全专业系列教材”，这是我国第一套体系完整、专门针对信息安全专业的教材，目前已经出版了包括《现代密码学》《PKI 原理与技术》在内的 11 本教材；另外，还有各高校或科研机构的学者编写的信息网络安全书籍，以及各出版社从国外引进翻译出版的信息安全书籍或影印版教材。

（二）信息安全专业的课程群建设措施

目前的信息安全课程设置并没有把信息安全作为一个完整的体系，根据信息安全的研究内容和处理对象进行课程设置，而在原有的计算机专业体系上加以若干门相关课程扩充而来，因此知识传授缺乏系统性和一贯性。

在实际办学过程中，大多数开设该专业的学校都是结合已有的理科基础（比如数学方面的基础）来进行建设的，相应的也形成了以密码学为核心的专业建设和课程建设的办学思路。而更多的高校在信息安全建设的过程中还没有形成学科特色和优势。重庆邮电大学在办学过程中，密切结合学校的实际，另辟蹊径。在长期的办学过程中，重庆邮电大学就已经在计算机网络和相关技术上奠定了较好的基础，因此在信息安全本科专业的专业建设和课程建设上采纳了以计算机网络为核心的建设道路，与国内其他高校相比有较明显的不同，通过七年的专业建设，目前在信息安全专业建设上，重庆邮电大学已经取得一定的成绩，奠定了信息安全专业在国内高校中的领先地位。在课程建设方面，也已经初步形成了以“计算机取证技术”“网络安全”“计算机网络管理”等课程为主的、具有一定规模的专业课程群。信息安全专业课程建设的具体建议主要包括以下几方面。

1. 理论与实践相结合

信息安全专业既有高深的理论研究内容，也有实践性很强的操作，格外强调学生的实际动手能力，如对安全体系结构、信息对抗技术、网络安全产品熟练掌握和使用。信息安全的人才培养如果不重视实践环节的建设，培养出来的学生势必只会纸上谈兵。然而信息网络安全教学试验环境的建设并没有一个可以参考的标准和较成熟的样例。

2. 加强教师队伍的建设

专业的师资队伍是保证人才培养的根本。高校和科研院所可鼓励从事具有相关知识背景的其他领域的科研人员转入信息安全的研究领域，建立健全信息安全师资队伍，是当前的一个重要任务。

3. 加强信息安全学科的系统建设

信息安全学科的建设是一个系统化的工程，需要在以下几个方面加强工作:信息安全的人才培养需要系统全面的学科规划作为指导；明确学科建设的目的、意义；给出教学大纲、培养目标、实施手段等建议；给出教材编写、课程设置、试验规划的标准；给出信息安全人才和师资的考核评价体系；研究开发科学的信息安全学科评估体系。只有在信息安全学科的系统建设思想指导下，才能使信息安全的人才培养目标明确，层次清晰，对办学目的才更加明确，对培养效果才可以进行量化评估。

二、信息安全专业知识体系构建

随着计算机和网络技术的迅速普及和广泛应用，信息安全问题日益突出，针对计算机信息系统的攻击与破坏事件层出不穷，信息安全关系到经济发展、社会稳定、国家安全等各个方面。提升信息安全保障能力的必备基础在于信息安全人才的培养，因此，十分有必要对信息安全人才应该具备的知识体系进行分析与研究，这是制定信息安全人才培养和课程体系的基础。

随着信息安全学科的发展，知识量不断增加，膨胀的知识量和有限的学时之间的矛盾越来越突出，现代学习理论告诉我们繁多的知识之间是相互衔接成体系的，知识体系是建立在为数不多的核心概念基础之上的，很多知识不过是这些核心概念在某种具体条件下的实例，通过这些实例的学习加深核心概念的理解和掌握，而核心概念则要在各个具体的实例中得到体现。构建信息安全方向的课程体系需要对信息安全专业知识进行系统梳理，明确信息安全领域的核心概念，构建核心专业知识架构，本文在研究美国 NICE 战略计划、《高等学校信息安全专业指导型专业规范》等国内外信息安全人才培养顶层材料的基础上，结合信息安全学科专业发展的内在规律，提出信息安全核心知识体系和扩展知识体系。

1. 信息安全知识体系

①信息安全基本知识领域包括信息安全概念、信息安全数学基础、信息安全法律基础、信息安全管理基础四个知识单元。其中信息安全概念主要包括信息安全面临的威胁和根源、信息安全概念、确保信息安全的原则和措施等；信息安全数学知识包括因子分解、欧拉定理等，是信息安全理论基础之一；信息安全法律基础介绍信息安全领域中的一些基本法律知识，包括隐私权保护、数字知识产权、电子签名法等；信息安全管理基础涉及风险评估与管理、信息安全产品测评等。

②密码学知识领域密码学主要包括：密码学概念（密码体制的组成、分类、经典密码体制）、分组密码（DES、AES 等）、流密码（RC4 等）、散列函数、

公钥密码（RSA 等）、数字签名、认证和密钥管理、密码协议共九个知识单元，密码学技术是信息安全领域的关键技术。

③网络安全知识领域网络安全主要包括：网络安全的概念、网络安全防护、入侵检测系统、虚拟专用网、防火墙、网络安全协议、Web 安全等。

④信息系统安全知识领域信息系统安全包括：信息系统安全的概念、物理安全、可靠性技术、身份认证和访问控制技术、操作系统安全、数据库安全、软件安全等。

⑤信息内容安全知识领域信息内容安全包括：信息内容安全的概念、网络数据获取技术、信息内容分析技术、信息内容管控技术等。

⑥信息安全核心专业知识体系包含了信息安全基础、应用密码学、信息系统安全、软件安全技术、网络攻击与防护五个知识单元，其中信息安全基础包括信息安全概念、信息安全数学基础、信息安全法律基础、信息安全管理基础、信息安全风险评估、信息安全评估标准、信息安全等级保护、应急响应和恢复机制等知识点；应用密码学包括密码学概念、分组密码、流密码、散列函数、数字签名、公钥密码和 PKI 技术、密码协议等知识点；信息系统安全包括物理安全和可靠性技术、身份认证、访问控制、操作系统安全、数据库安全等知识点；软件安全技术包括软件缺陷与漏洞、恶意代码原理、恶意代码检测与防护、软件安全检测技术等知识点；网络攻击与防护包括网络侦察与扫描技术、网络监听技术、网络攻击技术、网络安全协议、防火墙、入侵检测系统、Web 安全技术等知识点。基于核心专业知识体系可以构建信息安全专业必修课程。

2. 扩展知识体系

扩展知识体系主要包括嵌入式系统安全、Android 安全技术、信息隐藏、数字水印、渗透测试原理与技术、数字取证等。基于扩展知识体系，设置成选修课，并且面向信息安全岗位要求，制定岗位学习路径图，引导学生有目标地学习，目前设置了 Android 安全工程师、内容安全工程师、安全测试工程师三个岗位，面向 Android 安全工程师岗位设置了嵌入式系统安全、Android 安全技术两门课程；面向内容安全工程师设置了信息隐藏、数字水印两门课程；面向安全测试工程师设置了渗透测试原理与技术、数字取证两门课程。

第四章 信息安全教学创新研究

大数据、云计算、物联网等计算机网络新技术与新应用的层出不穷，以及数据挖掘、人工智能等信息技术的不断创新和发展，信息安全问题已延伸到社会生产、生活的各个领域和层面，信息安全的传统威胁、新生威胁与伴生威胁相互交织，使当前信息安全问题愈加凸显并日趋复杂。提升信息安全保障能力，维护国家安全，人才队伍建设是关键。严峻的信息安全新形势赋予信息安全人才新的任务与使命，同时，对信息安全人才队伍的类型、规模、质量和结构都提出了新的要求。当前我国信息安全人才，仍存在数量缺口较大、能力素质不高、结构不尽合理等现象，与维护国家网络信息安全、建设网络强国的要求不相适应，所以要加强针对信息安全相关方面的教育的发展，进行更多的相关专业人才的输出。

第一节 信息安全教学的发展现状

一、基于 CDIO 及 MOOC 的信息安全课程教学

没有信息安全就没有国家安全，在这种形势下，应用型本科高校为社会培养大量具有扎实理论基础、较强实践能力的信息安全技术人才显得尤为迫切。信息安全作为计算机安全相关专业学生的必修课程之一，在整个学科中有着极其重要的地位。信息安全综合计算机、数学、通信的内容，是典型的交叉学科，在日常课堂教学中存在教学定位不清、教学内容与工程实践脱节、工程实践教学环节薄弱等问题，因此针对性地实施教学改革十分必要。

（一）CDIO 及 MOOC 简介

CDIO 工程教育模式以构思（Conceive）、设计（Design）、实现（Implement）、

和运作（Operate）为主线，将工程教育与工程实践相结合，实施CDIO管理过程，提升学生的工程基础知识、个人技术能力、系统工程能力和团队协作精神，为工程教育创造出一个合理的、完整的、通用的、可概括的教学目标。采用CDIO工程教育模式培养的学生受到企业的欢迎和社会的认可。CDIO倡导"做中学"和"基于项目驱动"的新型教学模式，它强调对学生主动学习、协作交流、分析解决问题的综合能力的培养，而这些也正是信息安全课程的培养目标，同时也是课程教学目前急需解决的问题。因此，以CDIO理念为基础对信息安全课程进行教学改革有着重要的意义。

而大规模在线开放课程（MOOC）作为新型的教育方式，变革了教学范围和教育属性，使得传统的以教师课堂授课及期末考试为主要内容的传统教学方式被打破，拓展了人才培养的模式，体现了以学习者为中心的自主学习的新型教学模式，在教学上把以教为中心向以学为中心转变。将MOOC与CDIO教学理念相结合，把MOOC教学的互动性、适应性和个性化特点与工程教育相结合，充分发挥二者优势，达到工程教育与MOOC教学深度融合的"混合学习"教学模式改革，以获得更好的教学效果。

（二）基于CDIO和MOOC的教学改革与实践

我们在总结、分析目前信息安全教育的现状及存在的问题后，借鉴CDIO工程教育思想和MOOC教学模式，在人才培养模式及培养过程、培养目标等各个方面对信息安全教学的课程教学、教学内容、教学资源、教学过程、教学方法等各个环节进行改革，逐渐形成以CDIO和MOOC为主的信息安全教学新模式，在实际教学过程中取得了良好效果。该教学改革的主要内容与特点如下所示。

1. 教学资源的共享开放

本模式的MOOC教学部分根据信息安全课程教学要求，事先对学生提出学习要求并限定学生规模，在保持MOOC教学的开放、在线的特点，让学生在课堂教学之前就已经有了充分准备，对相关的教学内容有了充分的了解，能很快地适应课堂教学，同时不断改善MOOC教学资源的内容，使优质开放的教学资源更加符合学生的学习需要。

2. 完善充实课堂教学方法与手段

先进科学的教学方法与手段能激发学生的学习兴趣，从而取得更好的教学效果。我们针对信息安全课程中概念多、实践性强、应用广且技术更新快的特点，在教学中，我们构建了协作学习小组，以问题为驱动，充分利用 MOOC 教学资源，发挥学生主观能动性，培养学生学习兴趣，一改以往沉闷的课堂教学。比如要求同学们根据 MOOC 学习的内容，事先收集许多文档和演示材料，在课堂教学中进行学习和讨论，老师引导同学们进行思考和应用，从而激发学生的学习兴趣。我们在教学中贯穿了 CDIO 的工程理念，以产品构思、设计、实现与运作为主线，了解信息安全的相关技术。为了加强对课程的理论理解及实践应用，我们开设了“信息安全课程设计”课程，建立小组，布置项目任务，让同学们完成构思、设计、实现并完成设计的运行，最后进行设计答辩，根据过程与效果等给予综合评价。

3. 培养学生自主学习能力，实现线上线下课内课外全方位教学

在本模式中所提供的优质开放的教学资源，让学生能够随时随地地利用互联网进行交流和学习，这是传统课堂教学所不能企及的。通过培训学生计算机和网络使用技能，可以越来越灵活地进行协作学习活动，让学生改变了原有认知方式，建立新型的知识学习模式，而这也有益于新的教学资源开发。

4. 改革实践教学体系，培养学生的动手和创新能力

信息安全是一门实践性很强的课程。实践教学培养了学生综合运用所学知识解决实际问题的能力，进一步加深了学生对信息安全技术的理解。应用 CDIO 理念中“做中学”的模式，我们在信息安全实践教学中针对具体实验设定、实验内容、实验效果等各实践教学环节进行精心设计，而且加入了信息安全实训环节；根据 CDIO 理念增加企业实践实训，培养独立思考分析及创新能力等。

5. 教学评价更加注重过程培养

传统教学评价主要是面向知识和结果的评价，已不能满足实际教学需求，而本模式主要是融合了学生自评、学生互评、老师评价等多元评价，重视学习过程培养，评价结果更加科学合理。

二、理论实践与素质培养并行的信息安全教学

随着计算机技术的飞速发展和通信网络广泛覆盖，网络化的消费生活和信息化的工作方式已经成为人们工作生活的主旋律。随之而来的不仅有生活的丰富和工作的便捷，还有更高水平的网络攻击和信息诈骗，对人民的工作造成了重大影响，对人民的生活产生了巨大威胁。另外，2013 年 6 月斯诺登事件和“棱

镜”计划的曝出，也让我们更深刻的意识到网络安全问题对国家层面的影响。由此看出，网络安全威胁日益严重和风险逐步扩大，强度高、规模大、组织严密的国家级网络威胁已经逐渐增多。信息安全学科的设立，不仅对广大公民的个人隐私和财产安全起到维护作用，也与保卫国家安全息息相关。

信息安全与网络安全已经成为国家安全不可或缺的部分，受到国家的高度重视。在 2014 年 2 月 27 日的习总书记主持召开的中央网络安全和信息化领导小组会议中，深刻阐述了“没有网络安全就没有国家安全，没有信息化就没有现代化”的重要论断，提出了从网络大国走向网络强国的宏伟目标，使国家网络空间建设进入到一个全新时期。培养业务水平高，综合素质好的网络安全人才是实现网络强国的基础。因此，在信息安全学科教育过程当中采取理论实践与素质培养并行的方法，使学生兼备高水平的网安全专业知识和高素质的信息安全素养，这至关重要。

（一）学科特点

信息安全学科作为一门涵盖网络、通信、电子商务、法律等的交叉学科，涉及行业及领域较为广泛，综合性强，具有以下特点。

①课程涵盖丰富冗杂。其内容涉及高等数学，代数与逻辑，数据结构与算法，计算机网络，信息安全体系结构等，除了相关的专业知识外，信息安全学科还需要学生有正确的法律底线和是非观念。

②相关技术发展迅速，更新换代时间短。课本上的原理和知识有助于学生了解相关技术的发展和细节，但当前面临的问题及需求是相关技术和原理短时间难以呈现在课堂上的。信息安全学科对于学生的实践能力要求较高，学生的知识水平不能仅仅通过试卷上面的分数来现。

（二）学科教学改革

1. 信息安全素质教育的普及

大学之道，在明明德，在亲民，在止于至善。《大学》的开篇之语就点名了创办大学，不仅仅是为了传播知识发展科技，更深层的意义是为了培养能够肩负社会责任德才兼备的青年力量。信息安全学科旨在培养兼具网络安全专业知识和维护网络稳定安全责任感的人才，因此首先要帮助学生树立对信息化的正确认识和理解并加深其对自己对社会和国家的责任感与使命感，普及信息安全素质教育，培养学生的信息安全意识和专业素养。作为一个拥有众多网民的网络大国，我国的互联网普及率超过 50%，互联网已经成为人们工作生活的一部分：网上购物、订票、学习、求职、同城交易等各方面都离不开网络。而网络安全问题素质教育却存在严重缺失：对于个人隐私的保护通常靠自觉，而信息诈骗靠标语提示还不能引起人们的重视，具有威胁的链接常常因好奇被点开等，人们面临的各种信息安全威胁基本靠个人的安全意识，很难识别，一旦爆发，即使利用相关计算机技术进行溯源或防御，损失也只能降低而不能完全消除。在本科教学中普及信息安全常识，把信息安全教育作为一门公共基础课进行推广，全面提高国民的信息安全意识是防范各种网络威胁最基本的措施。

（1）在高校普及信息安全素质教育

对于全体学生的信息安全教育普及应从树立正确的网络安全观念开始。网络安全是动态的、开放的，相互之间关联性强；在信息飞速流通，通信网络发达的今天，任何一个小小的事件都可能产生巨大的影响，从而产生“星星之火可以燎原”的态势。将信息安全素质教育作为公共基础课普及和推广，不仅要让全体学生了解到计算机技术和互联网带来的便捷，更要教会他们保持清醒的头脑，学会分辨各种信息，使“徐玉玉”等大学生被骗身亡的悲剧不再重演，从而使学生在海量的信息中安全高效地获取有用信息，对网络技术从“会用”变为“用好”。

（2）对计算机相关专业增加相关法律和心理学教育

信息安全专业人才，在应对安全挑战时需要与不法分子斗智斗勇。因此，教学过程中应适当加入一些心理学和法律相关知识，使学生具有明确的安全意识和法律意识。而对于安全意识的培养要不断强化，不能一蹴而就，要将它渗透到每节课中。对每一个相关知识点要有实例引入，并进行相关心理学和法律知识延伸，让学生全面了解每一个问题，拉近学生与学科之间的距离，提高学生的兴趣。

2. 课堂留余，进行展示交流

学而不思则罔，思而不学则殆。主动思考是真正学习的开始，学生只有开始思考问题，才能真正解决问题。传统教学以老师为中心，学生为听众，被动的复制和记忆，缺乏思考。教学中，在课堂留出十分钟时间，布置相关课题，搜索相关资料，进行展示交流，可促进学生主动思考学习。针对信息安全学科的特点，展示和报告的课题可有以下选择：对于目前网络面临的主要威胁做出总结和分析；以小组模式选择实际网络威胁案例进行介绍；分成“攻击方”和“防御方”两个组，进行攻防模拟。

这种课堂互动性较好，能够使学生独立思考，并对相关知识做出自己的独特的认识和体会，使学生在科研能力和创新能力上更上一层楼。

3. 设置有自动评价机制的实验模拟系统

网络安全知识的学习需要大量实验课支撑，加深学生对知识的理解。由于学生众多，机房空间较大，不易管理。学生有问题时老师分身乏术，很难保证每一个学生的问题都得到解决。而学生遇到的问题大多相似，但由于座位分散，很难统一进行讲解。为了使学生最大范围地得到解答，可以采取如下措施：

①参考一些大型考试，如“信息安全大赛”，设置带有自动评价机制的实验模拟系统，对个别难点进行讲解，在同学多次错误，无法进行的时自动提示。

②可简单在线统计学生任务完成情况，在得到老师准许的情况下，让率先正确完成的同学辅导有困难的同学。这种实验课方式能让更多的同学得到解答，同时更高效地完成教学任务。

4. 无纸化考试

线上学习，突破了传统教学方式时间和地点的约束，可方便快速地获取所需专业技能和所学知识，且上机练习及考试能够自动记录学习中的错误，辅助学生不断提高。就信息安全学科计算机相关专业学生来说，学生的专业水平，需要用上机实践检验所应用理论正确、算法精准、程序无误时才算真正到位。在平时练习和期末考试时采取无纸化的形式考核，可以同时检验学生的理论知识和实践能力。

5. 增加寒暑假实践

理论和实践相结合是信息安全教育的基本要求，在教学中，虽然有实验课辅助，但像毕业设计一样综合性强，能够系统深入体现专业技能的设计较少，不能真正锻炼学生的实际处理能力，培养学生的创新意识。业精于勤荒于嬉，寒暑假漫长的假期，如果学生疏于练习，很可能将之前的知识遗忘，使学生在新学期学习上衔接困难。增加寒暑假实践课题有助于学生保持学习状态，结合理论，提高实践能力。

寒暑假实践课题可以有以下选择：对信息安全学科发展趋势和最新动态进行总结分析并整理成册，让学生充分了解学科前景和当前前沿热点；选择历年毕业设计进行学习和分析，锻炼学生科研能力和自主学习能力；结合兴趣点和信息安全学科特点做出系统的设计和分析，充分发挥学生的主观能动性，使学生发散思维，寻找创新点。

第二节　案例教学法在信息安全教学中的运用

案例分析教学法可以改变填鸭式的教学模式，利用智慧课堂让学生对学习兴致勃勃。为此，本小节从以下几方面对如何用案例分析教学法打造智慧信息技术课堂进行论述。

一、理论基础

案例分析教学法是以师生活动为基本模式，以现代教学基础设施为基础，教师引导学生进行案例分析，利用师生互动，学生与案例之间的互动等多种互动方式缩短理论与实践的距离，从而加深学生对所学知识的理解，培养学生分析问题解决问题的能力。该教学法要求在教学过程中完成素材的信息提取，师生讨论，生生辩论，从而解决问题。该教学法的困难在于：教师对案例的选择要有典型性、实效性和关联性；在案例分析过程中，要以明确的教学目标和任务为驱动，构建良好的教学框架；在教学过程中创设良好的师生关系，对学生的讨论、辩论要善于把控。

二、基本内容

“信息安全及系统维护措施”旨在引起学生对日常信息活动安全问题的关注，并提醒学生最大可能地保障信息安全。利用任务驱动和自主学习的教学方法，教师可以与学生一起进行案例分析，引导学生合作探究，提升学生分析、归纳、解决问题的能力。本节课教学目标为：通过对案例的分析与讨论，尝试运用所学知识，分析解决身边发生的信息安全方面的事件；增强学生的法治观念和道德水平，逐步养成负责、健康、安全的信息技术使用习惯。为此，教师以“案例展示—案例分析—师生互动—提取相关信息做出总结”的案例教学模式，在教学过程中设计以下教学流程。

流程一：案例教学，师生互动。

【案例展示】新课导入之后，教师给出案例一：美国 NASDAQ 事故。1994 年 8 月 1 日，一只松鼠在位于康涅狄格网络主计算机附近一条电话线上挖洞，造成电源紧急控制系统损坏，NASDAQ 电子交易系统日均交易超过 3 亿股的股票市场暂停营业近 34 分钟。案例分析：在给出案例之后，教师给出分析表给学生 2 分钟时间填写。师生、生生互动：学生阅读案例，分组讨论、分析信息安全的威胁因素。提取相关信息做出总结：学生互动之后，填写表格，并提出相应的安全措施。之后教师可请学生连续分析五个案例，然后互动合作，探究交流，归纳总结。在自主分析之后，学生能够概括出：信息安全存在多方面的威胁，包括人为的和非人为的，有意的和无意的。威胁计算机安全的几个方面，有自然因素、人为或偶然事故、计算机犯罪、计算机病毒、电子对抗等。

流程二：教师引导，课堂转折总结。

师：通过上述案例，我们可以看到信息安全已经影响到人们的生活，信息安全已经成为日益严峻的问题。你认为对于信息系统的使用者来说，维护信息安全应该从哪方面入手进行预防？学生结合课本，结合自己分析填写的表格，做出总结：保障计算机及网络系统安全，预防计算机病毒，预防计算机犯罪。

师：那么什么是信息安全？生：信息安全可以理解为，在信息内容的获取、储存、处理、检索和传送中，保持其保密性、完整性、可用性、实用性和真实性，总体来说就是要保障信息的安全有效。最后教师和学生共同重复信息安全都有哪些特点，培养学生的分析概括能力。

三、教学评价

案例分析可以变抽象为可触摸、可聆听、可观感的形象，案例教学法将客观世界以更多的形式展现给学生们，将理论知识简单化、普及化，这是智慧教学的体现。教师构建案例教学法的目的不仅仅在于解答哪一道题，更重要的是教给学生一种学习方式、一种思维方式和对待知识的态度。教师要帮助学生构建思维和学习模式，帮助学生“获取渔的本领”。成功了，构建案例分析学习经验；失败了，体验不同的情绪，让学生们感受学习只限于课本的短板，感受突破课本思维定式的思维方法。

四、教学反思

案例教学的互动模式把握不好会导致互动开展不起来，课堂仍然枯燥沉闷，或者课程过于游戏化，缺少知识的总结和观点的陈述。目前教师的案例教学课堂的互动停滞在浅层次上，沿袭传统的互动模式，以老师提问、学生回答为主。学生没有发散性思维，没有创新性思维，更没有情感与心灵的交融。

互动式案例教学法中的自选案例仍然存在以下问题。第一，缺乏典型性和代表性。案例的穿插只是固定在某个阶段某个特定的知识点上，没有拓展性和深度可言。第二，案例选择缺乏实效性和关联性。案例之间没有一定的关联性，都是各自为政，学生对知识点的掌握也是零碎的。第三，案例缺乏实践性。很多案例都是教师杜撰，或者通过媒体收集来的，无法体现案例的真实性，从而削弱了学生的学习兴趣和参与感。

第三节　不同教育模式下的课堂教学创新

一、创新教育模式下“信息安全”课程的教学

“信息安全”课程是一门综合性很强的课程，该课程与其他课程相比其显著特点包括：涉及比较多的学科知识；课程内容更新快，攻防技术日新月异；课程实践性比较强；学生应具备相关的先修基础，为更好学习本课程的内容做准备。基于该课程自身的体系及其实践性强的特点，传统教学模式的不足就凸显出来。基于创新教育模式“信息安全”课程的教学改革，是把“信息安全”课程与新的培养方案紧密结合，从具体的实践中探索培养学生创新能力的新思维、新方法、新模式。通过课堂教学改革，引入创新教育模式，可以提高学生的学习兴趣、理论水平和实际动手能力，使学生的自主学习能力得到锻炼、创新能力得到发挥。通过实践教学的实施，使学生能够巩固已学的理论知识，更好地把理论知识融入实验过程中，从而锻炼学生的实践动手能力。

（一）“信息安全”课程教学现状

目前，应用型本科院校关于“信息安全”课程教学存在的问题，具体表现在以下几个方面。

①社会信息化进程快速推进，信息安全问题日益严峻。高校“信息安全”课程教学内容相对比较陈旧，不能实时快速反映当前社会最新安全问题，使得学生对信息安全的前沿信息、最新技术缺乏了解，导致学生对该课程的学习缺乏积极性和主动性。

②“信息安全”课程会涉及密码学、计算数论等相关内容，但是培养方案中课时安排比较少，大部分学生对这些内容理解起来较为困难，导致其学习兴趣、学习积极性逐渐消退。教师需要在教学计划安排的学时内，合理设计课堂教学环节，提高课堂教学效率。

③“信息安全”课程需要学生进行大量实践，通过实践理解相关技术的运用。大部分高校开设的“信息安全”课程实验，都是以验证性实验为主，学生按照实验指导进行操作，过程相对简单，学生的自主式创新设计能力得不到培养。

④大部分高校缺少信息安全实践教学平台。由于实践教学平台的建设，需要配备专用的软硬件设备，需要保证正常的实践教学不会破坏平台的稳定性，需要专业人员对平台进行定期维护，这就需要大量的资金投入。多数高校资金实力比较弱，承担不了平台的建设费用。

⑤“信息安全”课程考核方式比较传统，还是以理论作业、验证性实验、期末笔试考试为主，不注重学生的实践动手能力以及综合知识使用能力，不能体现学生的综合素质。

（二）课程内容及教学方法改革

1. 对教学内容、学时分配进行合理设计

针对《信息安全》教材在课程内容设置上过多过散的现状，根据高校学生的知识结构和学习基础，有计划地对该课程内容进行精简，合理分配学时，使学生在有限的学时内更有效地掌握信息安全关键知识。为了让学生能够接触到最新的信息安全技术，在课程的第一节课中，我们会解读最新的互联网安全报告；在教学过程中，教学团队通过各种渠道和方式定期聘请国内计算机网络和信息安全方面的专家来校给学生做短期讲座和学术报告，向学生传授信息安全领域的最新发展趋势。

教学内容上，将强调技术的应用，增加应用性教学内容比例，减少概念性理论内容比例，并预留一些知识点让学生课外学习，激发学生的学习积极性。学时分配上，实施“以实践教学为主体的”教学模式，增加实验课时，减少理论课时，以实验教学为主导，带动学生的理论学习，教师的理论教学为实验教学服务。适当调整实验的验证性内容与设计性内容的比例，教师在铺垫充分的知识点、创设完整的实验情景、明确实验任务的情况下，引导学生自主独立地完成实验任务，达到培养学生创新能力的目的。

2. 采用多种教学方法，丰富理论教学

“信息安全”课程中一些理论概念和密码算法，采用传统方式讲授，学生非常难理解。因此，针对不同教学内容，改传统的“以教师为主体”的灌输式教育为“以学生为主体的”自主学习方式，可以采取以下不同的教学方法：首先，通过企业调研、参加学术会议等方式，大量收集信息安全前沿信息以及最新技术，以视频、案例介绍等形式，穿插在课程理论教学中，拓展学生的知识面，把握行业最新动态；其次，在教学过程中引入工程案例 / 项目案例，把书本中抽象难懂的例子换成具体工程实例，通过案例的逐渐深入，引导学生进行有目的的讨论，把知识点融入实例中，同时可以提升学生工程实践能力；最后，模拟攻防场景，运用启发式教学方法，让学生在实际场景中对具体技术进行探索性学习，通过最终的攻防结果对攻防理论知识加以深刻了解，有助于加强学生对所学知识的综合应用能力，提高学生学习积极性。

（三）实践教学的改革

1. 实验内容和企业项目有机结合

传统的实验教学方式是以验证性实验为主，学生根据书本提供的例子，验证其结果的正确性，所以学生缺乏实验主动性。在校企合作的有利环境下，加强已有的校企合作力度，做到学校与企业信息、资源共享，通过改革实验内容，把企业项目引入课程实验中，使实验内容和企业项目有机结合。针对教学知识点和企业课题的情况，以知识点为依据，合理设计实验内容、实验进度，使学生在实验操作的过程中，掌握知识点，了解与实验相关的企业行业最新动态，培养创新能力，增强实践动手能力。

2. 构建虚拟实践教学平台

基于信息安全实践教学平台的建设费用过高，建设条件比较苛刻等原因，在现有的实验室条件下，构建虚拟实践教学平台。该平台设计为攻防两部分内容，涵盖与“信息安全”课程相关的攻防基础知识、基本技能，学生在该平台可以进行实验操作，也可以进行攻防实战。学生通过虚拟平台实践，由浅入深地掌握基础理论知识，通过不断的练习，提升实际动手能力，储备更多的实战经验。

3. 指导学生参加各种创新项目和竞赛

近年来，全国大部分应用型高校开展创新创业教育，设置各种类型的大学生创新创业项目，鼓励学生积极申报。全国大学生信息安全竞赛开设多个赛项，如创新实践能力赛、信息安全作品赛、“网鼎杯”网络安全大赛等，学院每年组织教师指导学生积极参加竞赛。

4. 改革课程考核方式，注重能力考核

“信息安全”课程在教学内容、教学方式、实践教学等方面进行了改革，因此评价这门课程的考核方式势必要改革，特别是要注重能力考核，包括学生的实践动手能力、综合知识使用能力、自主创新设计能力等方面的考核。

二、“互联网 +”网络信息安全课程翻转课堂教学模式

教育信息化已步入发展的快车道，特别是近年来，教育信息化被提升到新的战略高度，已开始从分散建设向整体规划、统筹推进转型，其促进教育改革发展的作用日益凸显。第十二届全国人民代表大会第三次会议上李克强总理在

政府工作报告中提出发展“互联网+”的计划，实现行业间跨界融合，推动各行业向信息化、智能化发展。同样，传统教育模式和手段经受挑战，也面临着机遇。“互联网+”背景是教育自身改革的重大机遇；是教育为社会经济发展提供新兴市场的重大机遇；是教育为社会经济发展提供人力支持和智力贡献的重大机遇。“互联网+”背景下出现了许多新的教学方式，如慕课、微课、翻转课堂等。网络安全目前已经成为国家安全的一部分，提升国家网络空间安全的整体实力，需要推动和普及信息安全教育水平，因此，多层次、复合型的信息安全人才是高等院校网络安全专业培养的目标。

（一）“互联网+”为网络信息安全教育带来机遇

1. 普通模式下教学现状

信息化基础设施条件不均衡，不能满足学生个性化学习。由于西藏、新疆、四川、云南等西部地区基础设施条件稍弱，虽然大部分西部地区教学硬件设备基本已经达到现代化水平，但师资力量落后，造成硬件软件差距较大，学生无法通过现代化的学习全面地学习到本该了解掌握的知识。

①教学资源结构性短缺，分散式应用系统尚未统一。虽然教育教学资源体系已经初步形成，但真正能应用于教学的资源还不多。大部分的教学资源还停留在 PPT 等浅层次多媒体课件的运用上，文本材料、视频资源占多数，无法真正地达到信息技术与课程的有效融合。另外，缺少统一的教学资源建设标准，交互性的教学资源少，导致教学资源共享困难，存在大量信息孤岛。

②区域发展不平衡，教学水平参差不齐。因东西部经济发展不均，西部地区经济发展落后，很多教师不愿意去西部工作，导致西部教师队伍数量缺口大，师资队伍结构不合理，高层次人才稀缺。因教学水平的参差不齐，导致很多全国性甚至国际性的一些竞赛，西部参加人数明显远远少于东部，甚至是一些国际性的竞赛项目，西部基本没有学生参加。

2. 信息安全课程教学存在的问题

网络信息安全课程是高校网络安全专业的理论课，具有综合性和时效性的显著特点，内容繁多，且技术更新迭代快，实践要求高，传统教学方法难以适应课程的教学目标要求，主要存在如下问题。

①思维方式单一。信息安全教学中学生往往把思考力集中在某个知识点上，缺少全局到局部的安全意识。同时，缺少针对不同的攻击方式采取不同的处理方法的思想，欠缺一种独特的黑客思维。

②理论过多问题。理论要求较高，知识烦琐，过多的理论强烈地压抑了学生的学习兴趣。而理论过多同样使得课程体系设计较难，无法安排合理的时间让学生进行实践，导致学生的动手能力得不到提高。

③教学知识陈旧。信息安全是一门与时俱进的学科，需要结合现实中的热点问题进行分析，如勒索病毒等。然而，学生学到的知识永远落后于实际应用中的技术，容易产生所学知识无用的想法。

3.“互联网 +”背景下教学优势

“互联网 +”环境下开展教学设计是一种“互联网 + 教育”的实践，存在着传统教学模式下无法达到的优势。

①泛在化的网络覆盖。无线网络提供了海量的存储空间，打破了时间、地域的隔阂。优质的数字教育资源层出不穷，通过网络直播，不同的学校师生可以同上一堂课，解决了课程短缺、师资匮乏的问题。同时，丰富的教学资源（音频、视频、微课等形式）使教学变得生动、有趣，学生不再害怕错过某个知识点的讲解，学生学习的积极性得到提高。

②丰富的资源云平台。目前，雨课堂、蓝墨云班课、慕课等信息化辅助教学平台已发展的相对成熟。教师可以通过云平台反复磨课，促进自身成长并最终呈现自己的“优课”；学生可以通过云平台，根据自己的学习进度需求，针对性地选择合适的网络课程，随时随地学习，满足学生个性化的学习需求。云平台中预习检查、头脑风景、自测学习、课后答疑等，有助于教师和学生及时沟通，了解学生课程的掌握程度。

③灵活的教学模式。改变单一的班级制授课方式，通过开展混合式、参与式、任务引导式等形式实现翻转课堂，鼓励学生协作探索、解决问题，突出学生的主体地位，为学生提供多元化的学习机会。对于教师而言，通过对课堂活动的组织，提高信息化教学能力，整合优质的教学资源，形成个性化的教学。

（二）网络信息安全课程翻转课堂教学模式设计

翻转课堂是将传统课堂中的知识讲授放到课外由学生自学，课堂则以教师和学生的互动为主。翻转主要体现在三个方面：教学活动的翻转，先由学生学习再由老师教，改变了传统的先教后学的观念；学习内容的翻转，学生课前学习及早获取课程体系的全局视图，改变了传统先点后线的学习模式；师生角色的翻转，学生成为主角，老师仅仅是学习的督促引导者，改变了传统的教师为主体的思想。

网络信息安全课程中密码学知识内容晦涩难懂，尤其数学推理过程复杂，学生会觉得枯燥无味，因此靠传统的教师课堂讲解，很难达到教学目的。因此，我们采取“以任务驱动为主，强调问题导向”的课堂教学模式，实现课堂的翻转。

环节一：情景引入，任务明确。在讲解密码学概念时，我们以学生与老师交互为例，要求学生将自己的作业进行加密后交给老师，既要保证作业的安全性，又要保证老师可以正确地进行解密作业。

环节二：问题设置。为了解决学生与老师之间的作业加密传输，需要解决如下问题：

问题 1：学生将作业上交给老师后，学生和老师之间的密钥如何传输？

问题 2：采用对称密码体制，学生与老师之间如何交互？

问题 3：采用对称密码体制，老师如何管理学生的密钥？

问题 4：采用公钥密码体制，学生与老师之间如何交互？

问题 5：采用公钥密码体制，是否可以采用学生的密钥进行加密？

基于上述 5 个问题的解决，使学生掌握密码体制的分类，并理解对称密码体制与公钥密码体制的区别，了解两种密码体制的优缺点以及应用场景。

环节三：自主探索，协作学习。学生利用微课、教学视频等优质数字资源学习，在了解对称密码与公钥密码体制的概念后，自主选择小组进行学习，我们将每班学生划分为 AES 算法研究小组、DES 算法研究小组、SM4 算法研究小组、RSA 算法研究小组、ECC 算法研究小组和 SM2 算法研究小组，每组学生为 5 ～ 6 人。

学生根据自己的分组情况，利用 Sakai、慕课等教学平台进行学习讨论，利用网络进行资料查找、小组内相互讨论，培养学生发现问题、分析问题和解决问题的能力，同时锻炼学生的交流能力。

环节四：成果展示，效果评价。通过一定时间的学习后，老师组织学生在课堂上进行成果展示，学生可以选择 PPT、软件小工具、FLASH 动画等合适的形式进行成果展示，针对前面提出的 5 个问题，每小组可以由 1 名同学向全班同学进行内容的讲解，最终完成各种密码算法的原理、安全性学习，并进行总结对比。

老师针对此次任务的完成情况进行总结，对表现出色的学生给予鼓掌喝彩，对表现欠缺的学生给予鼓励和肯定。最后，老师对本节内容的知识点进行总结和升华，对重点内容进行强调和补充，引导学生对此次翻转课堂的实践作出评价。

结合网络与信息安全课程的教学实践，通过混合式、参与式的翻转课堂教学模式，让学生真正地参与到学习中，使学生学会自己构建知识体系，调动学生学习的积极性与兴趣，从而达到有效的教学目的。翻转课堂教学模式真正突破了传统的老师教学生听的教学模式，激发了学生学习的主动性、创造力和想象力，通过课堂讨论、交流、报告等方式培养了学生的交流能力和自信心。随着移动互联网的高速发展，翻转课堂势必将在高校教学改革实践中产生更深远的影响。

三、翻转课堂模式下的“计算机网络安全风险评估”教学

“计算机网络安全风险评估”是信息安全相关专业的核心课程，它具有很强的实用特性。保证该课程的优质教学是培养合格的信息安全人才的保证。学生如果想要很好地掌握该门课程内容，除了要学习基本理论知识，还要通过大量实践操作来加深对概念的理解，巩固实践技能。传统教学方法并不完全适用于该课程，原因在于：该课程教学知识点繁杂、容量大，一般意义上，该门课程作为专业基础课，属于网络安全知识扫盲课，涵盖的知识点比较全面，所以在传统教学中，教师试图在有限课程时间内讲解所有知识点，因此难以保证教学质量，学生基本上没有时间去消化吸收；该课程重点培养学生的动手实践和攻防实战能力，而在传统教学中，教师与学生互动交流受到局限，学生可能因缺乏有效指导和沟通而产生畏难情绪。

近几年，随着微课程、视频教学等相继蓬勃发展，翻转课堂教学模式逐渐被越来越多的学校和老师所关注，成为教育教学改革的新浪潮。翻转课堂教学模式有别于传统教学模式，颠倒了传统的教学理念。它为“以学生为中心”提供了可实施的途径，强调课堂上学生为主体，教师给予针对性的引导，真正做到了“因材施教”。把翻转课堂教学模式应用于“计算机网络安全风险评估”课程，将有利于提高该门课程的教学效果。

“翻转课堂”教学模式能否成功实施的关键在于是否充分调动了学生的学习积极性，学生是否在整个教学过程中给予积极配合。根据翻转课堂教学模式特点步骤，可将计算机网络安全的教学过程分成四个阶段——课前准备、课前学习、课堂实施、课后考核。

（一）课前准备

该阶段的实施主体是教师，教师要精心梳理知识点，为学生准备适合的学习资源，以便于其课前学习。课前教学资源是实施翻转课堂的关键基础，对学生的学习活动有很强的导向性，因此，该阶段需要教师根据教学大纲要求精心

准备。需要特别注意两点：一是教学资源的呈现形式。教学资源可以通过视频、音频、文字等多种形式进行传播，各有优劣。当前翻转课堂大多采用录制教学视频的方式，以直观的方式进行呈现，可提高学习的生动性和直观性，其缺点在于视频内容的更新过程耗时过长；采用 PPT 等文档格式，其优点在于内容更新方便，且文件数据量小、易于传输，缺点在于不够生动直观。所以应根据课程知识点的具体特点选择不同的教学资源呈现方式。二是明确学习目标，教师应在每次课程开始时告知学生学习目标，从而使学生带着目的进行学习和思考。

（二）课前学习

该阶段的实施是以学生为主体，老师为辅，目的是使学生能够根据学习目标，借助老师提供的学习资源提前学习课程内容，并回答老师留的测试题。学生在观看学习资源和做测试题的过程中可能会产生疑问，可以自主查找资料，增强自学能力，也可以求助于老师或其他同学，学生之间也可以分享交流自己的见解。因为部分学生学习自觉性不够强，导致其学习效果打折扣，甚至会影响课堂实施难以展开。因此，在课前学习阶段，教师可通过微信、QQ 群等方式与学生积极进行交流，一方面得到学生对老师提供的学习资源的反馈，以便今后改进；另一方面对学生的疑问进行在线解答。

（三）课堂实施

该阶段的实施是翻转课堂的核心，需要教师与学生共同参与完成，教师根据知识点的掌握要求设计课堂教学活动，如挑选典型的教学场景，针对性地设置讨论问题，综合利用任务驱动、问题导向、分组讨论等教学方法，目的是让学生最大限度融入教学活动中，了解学生的学习进度并答疑解惑。教师首先针对学生课前学习的效果，对学生存在疑问的问题进行解答，用 5 ～ 10 分钟针对性地讲解相关知识点；然后简单介绍本节课的教学目标和任务，引出本节课的教学场景，按照知识点难易程度或知识点顺序抛出若干讨论问题。学生由 4 人组成一个讨论小组，每组选出一名组长，负责协调组员参与问题讨论和积极发言，需调动起大家参与问题讨论的积极性。在学生讨论过程中，教师起过程控制的作用，可随机旁听某组的讨论情况，适当给出意见和建议，引导学生思考问题，提高其发现问题和解决问题的能力。在一定的小组讨论时间后，请小组代表总结发言，其他同学可与其辩论或补充，教师在此过程中可适当发问，引导学生思考更深层次的问题。对于学生存在的共性问题，教师可以统一示范，现场解决。这样，学生在“思考—讨论—发言—提问—点拨—再思考”的过程中不断提升。经过翻转以后，课堂上，师生之间的互动和交流时间大大增多，真正还课堂给学生，课堂成为以学生为主体讨论交流和解决问题的场所，学生在不断思考和讨论的活跃气氛中学习知识，最大限度地完成了知识内化。

（四）课后考核

考核方式要多样化，翻转课堂教学模式将新知识的部分学习任务放在了课前，课上以小组协作学习和教师答疑解惑为主，强调学生的能力培养和误堂的参与度，所以在考核上不能采用传统单一的考核方式，应该把学生的课前积极配合，课堂表现，问题解决能力加入考核的要素，对于课堂上积极主动就关键问题的解决办法发言讨论的给予加分，对于课堂讨论中有自己的独立创新点和引申点的也考虑加分，引入多元的过程化的考核体制来综合反映学生的分析解决问题的能力。实践表明，翻转课堂教学方式能够极大提升学生的学习主动性，调动其学习兴趣，对“计算机网络安全风险评估”课程教学有很好的促进作用。

翻转课堂教学方式，以及教学过程的管理，注重先学后教、以学定教。将翻转课堂模式应用于“计算机网络安全风险评估”课程的教学，可以培养学生独立思考和创新能力，真正让学生参与课堂，实现学生的自主学习，更有利于实现应用型高校人才培养与企业需求的无缝对接。

四、以知法守法为导向的“信息安全概论”课程思政教学

习近平总书记在全国高校思想政治工作会议上对“课程思政”工作进行了全面的阐述和概括，指出“要坚持把立德树人作为中心环节，把思想政治工作贯穿教育教学全过程，实现全程育人、全方位育人，要用好课堂教学这个主渠道，思想政治教育管理论课要坚持在改进中加强，其他各门课都要守好一段渠、种好责任田，使各类课程与思想政治教育管理论课同向同行，形成协同效应”。国家为高校思政教育工作指明了新方向，从“思政课程”单一维度向“课程思政”多元维度转变，使思政元素融入各类专业课程中，思政课程与专业课程相辅相成，共同为培养德智体美全面发展的社会主义建设者和接班人而发挥光热。纵观已有的“课程思政”研究，许多高职院校各类专业课程开展思政教学改革实践并取得了良好的成效，但关于对信息安全类专业课程开展“课程思政”的案例和研究则很少见。

由此可见，信息安全类专业课程在思政教育道路上还未迈出大步，拥抱思政创新。在当前“大思政”教育的发展态势下，信息安全类专业课程在“课程思政”中的缺位是不应该出现的，是“万马争先，骅骝落后”的现实写照。素

质养成是信息安全人才培养质量的核心和基石，而目前大部分高职院校的信息安全人才培养还停留在依赖于专业课程作为素质培养的唯一手段，而忽略了专业课程融合思政这一有效的手段。积极去探索课程思政的应用对于提高信息安全人才培养质量将会起到重要的推动作用。据此，本文在实践的基础上，以“信息安全概论”课程为例，探索在信息安全类专业课程中开展思政教育的途径。

（一）信息安全类专业课程开展思政教育的重要意义

1. 贯彻国家对课程思政教育改革的紧迫需要

长期以来，思政教育与专业教学往往是两座孤岛，相互隔离，未能有效地进行互通互动，专业课程教学与思政教育协同育人的格局一直未能有效形成。随着国家对思政工作求新创变的政策出台，担负第一线思政教育工作的高职院校越来越清晰地认识到，在学校课程教学改革的探索与实践中，必须充分发挥课堂育人的主渠道作用，将专业学术转化为育人资源，把授人以渔融入思政元素。如何在高职院校专业课程教学中融入思想政治教育内容，开展课程思政教育，是摆在各高职院校教育教学工作者面前的一个新课题。

2. 建设高素质信息安全人才队伍的最佳途径

近年来，迅猛发展的网络信息技术已融入各行各业，伴随而来的安全问题也日益突出。信息与网络安全已经上升到国家安全层面，是一个关系国家安全和主权、社会稳定的重要问题，国家对信息安全人才培养极其重视。我国在2014年成立“中央网络安全和信息化领导小组”，习近平总书记亲自担任组长，并在中央网络安全和信息化领导小组第一次会议中明确指出：“建设一支政治强、业务精、作风好的强大队伍”，明确对信息安全人才的素质要求，针对信息安全人才进行思政教育的重要性不言而喻。以固有的专业知识传授为核心理念下的专业教学已不能适应新形势的需求，开展信息安全专业课程思政教育不仅是大势所趋，更是高素养、优品德、强能力的综合性信息安全人才培养的最佳途径。

3. 践行网络安全法普及教育的必经之路

现如今计算机网络在推动社会发展的同时，也因为其自身特性导致了网络犯罪的潜滋暗长，严重地危害了网络环境，妨害了社会秩序。目前网络犯罪主体主要的特点主要包括犯罪主体日益低龄化、犯罪主体日益专业化、犯罪主体法律意识淡薄。具备专业技术背景的青少年已经成为网络犯罪的主体之一。由此看出，对掌握信息安全专业技能的在校大学生进行法律法规教育，浸润“知法懂法守法”的深度熏陶，是不可或缺的。另外，我国于2017年6月1日施行《中华人民共和国网络安全法》，网络安全法的时代来临。网络安全法的出台，对高职信息安全人才培养提出了更高的要求，学生不仅要有技术傍身，更需要极强的法律意识，让信息安全技术这把利剑施展在正面良性的方向。由此可见，在信息安全类专业课程开展思政教育在网络安全法普及教育这项工作上大有可为，责任在身。

4.达成司法信息安全专业培养目标的教学保障

以司法信息安全专业为例，专业人才培养目标为“具有较强的法律意识、高尚的职业道德、健康的身心素质等职业素质，掌握信息安全技术与管理工作相关理论知识，具备信息系统的日常维护、信息安全产品使用和维护、网络安全事件的预防与处置等职业能力，能从事信息系统安全等级保护测评、信息安全管理（运行维护）、软件安全测试等工作的高素质技术技能型人才”。以专业培养目标为出发点，这既要求有专业教育内容，也要求具备思想政治教育内容，如何将这两者有机结合，开展课程思政是不二之选。由此可见，课程思政与思政课程构建起多维度、无死角的全面思政育人格局，是达成司法信息安全专业培养目标（特别是素质目标）的强有力的教学保障。

（二）“信息安全概论”开展思政教育的天然优势

1.课程简介

“信息安全概论”是信息安全专业广泛开设的专业基础课程，一般在大一第一学期开设，是该专业学生开展信息安全专业学习的敲门砖，是指导学生从一般基础知识进入中高阶专业技能学习的桥梁，在信息安全专业的课程体系中占有非常重要的地位。该课程的教学目标是使学生具备信息安全专业应用型人才所必需的信息安全基础知识，从信息安全的技术体系出发，系统、全面地介绍了基础概念、密码技术、系统安全、网络安全、安全审计、安全管理和安全风险评估等方面知识，培养学生具有信息安全的系统和整体观念，为进一步学习信息安全技术和实践技能打下坚实基础。由此可见，该课程具备入门基础课、内容丰富、应用面宽、受众面广等特点，而这些特点是开展思政教育绝佳的条件，可在讲授信息安全基本知识、技术的同时，紧密结合课程特点，积极在课程各个教学模块和环节中融入思想政治教育内容，专业知识与思政内容相融相成，达到授业育人的双重效果。

2. 试点探索

“信息安全概论”是高校“课程思政”试点课程之一，通过在该课程中开展“以知法守法为导向，以职业素养与职业道德为准绳”的思政教育，探索该课程内容与网络安全法的结合点，用法律意识和专业知识同时武装学生，融入多元化思政元素，实现课程全面育人的目的。经过一年的课程思政试点，该课程已梳理了针对信息安全类专业的课程思政的整体思路，积累了丰富的课程思政经验，建立了“信息安全概论”课程思政资源库。

（三）“信息安全概论”开展思政教育的实践路径

1. 构建“1+1”课程团队，协同合作创新模式，贯通课堂内外

建立一支专业扎实、结构合理、具有思政经验的课程团队是本课程开展思政教育的第一步，也是后期课程思政顺利进行的前提条件。建立“信息安全概论”课程“专业教师 + 专职学管”的“1+1”课程团队，加强团队的内部交流融合，借鉴专职学管得天独厚的思政资源和成功经验，互相开拓思路，头脑风暴，协同合作，为本课程思政教育的顺利开展奠定良好基础。另外，专职学管的助力可帮助建立长效的课程思政效果监督与反馈机制，课程思政可由课内延伸到课外，实现全方位的课程思政效果监督工作。

2. 做好课程思政的顶层设计，全面建设课程教学体系

将课程思政内容纳入“信息安全概论”课程标准，明确思政教学目标，做好顶层设计，以课程思政教育教学改革为中心，建设完善课程思政教学体系。坚持以“知识传授与法律意识”相结合的原则为基础，围绕“知识目标”“能力目标”“素质目标”构建三位一体课程思政教育体系，使学生掌握信息安全意识和法律法规知识，具有从事信息安全专业领域工作的方法素质和就业能力以及良好的职业操守等。

3. 找准网安法与课程的切入点，整合课程内容，收集多元化素材

研究《中华人民共和国网络安全法》（以下简称《网络安全法》）与本课程知识内容的共鸣点和切入点，以点及面，发掘《网络安全法》显性与隐性思政教育资源，梳理各章节知识点，全面整合双向的知识模块，实现思政内容与专业知识无缝衔接，使思政教育的内涵恰到好处地融入课堂教学中，来达到别开生面地进行知法懂法守法思政教育的目的。另外，收集和梳理丰富的网络安全法宣传素材可以帮助学生对网络安全法的理解和吸收。素材形式可以多样化，

比如图像、影像、宣传册、动画、典型案例等；素材表达方式要简单易懂、印象深刻；素材主题要突出重点，与课程内容息息相关。

4. 以人为本，思政渗透，兼顾职业素养、职业道德等思政内容

对信息安全人才培养目标进行全面分析，以人为本，思政渗透，兼顾与补充本课程的思政元素，扩大辐射范围，比如职业道德、职业精神、职业操守、遵规守纪、个人品德等。努力将思想价值融会贯通于课程方案、课程标准、教学计划、备课授课等教育教学全过程，实现专业知识与思政元素深度融合。

5. 创新教学方法，引领行动自觉

在“信息安全概论”教学中，思政内容只有搭配合适的教学方法才能事半功倍，创新教学方法是重要的研究内容之一。根据每一章节的专业知识和思政重点，分析其特性和场景，不拘泥于固定形式，可进行多项选择，比如：课堂讲授法、任务驱动法、案例分析法、现场讨论法、参观教学法等。研究和探寻适宜有效的教学方法使学生不再被动接受而是积极主动自发地学习，用灵活、有趣、温暖的方式把思政知识转化成一剂健康的精神食粮，让学生乐于接受、便于吸收。

6. 完善课程考核方案，结合思政内容进行考核设置

结合课程思政内容，对“信息安全概论”课程考核方案进行升级优化，将课程专业知识和技能模块的考核与课程思政模块的考核进行有机重组，高度融合。考核方式可通过职业犯罪剖析、案例专项分析、心理测试等多元化方式，着重考核学生在掌握专业知识和技能的同时，是否知法懂法，是否树立正确的职业观和价值观，是否具备了良好的职业道德。

7. 引入“互联网 + 教学”理念，信息化手段扩展育人途径

止于课堂内的教学是局限的、乏力的，只有联动课内与课外，才能巩固教学效果，可引入“互联网 + 教学”理念，借助于信息化手段，才能达到长期有效的思政育人效果，使教学活起来、流动起来，促进课外师生的交流与沟通，有效地把“课上”与“课下”衔接起来。

①借助微信、QQ 等聊天工具，建立沟通群组，及时答疑解惑，保持师生的沟通联系，了解学生的思政动态。

②借助智慧职教云课堂、学习通等教学平台，建立“信息安全概论”教学资源库，以教学逻辑线发布教学课件、思政素材、经典案例等，方便学生课后学习、巩固知识，实现课上课下无缝衔接。设立讨论区，定时布置思考题，培

养学生自主思考和判断事务的能力，进一步提升思政教学效果。

③借助投票平台，建立思政教学质量反馈机制，设定合理的教学评价投票问卷，定期发布投票结果，及时掌握学生对课程思政内容的评价，及时调整教学方案。“信息安全概论”课程思政教学改革是“传业解惑”和“立德树人”有机融合的一种新尝试，根据司法信息安全专业目标，结合警务化管理制度，借助信息化手段，重建课程体系架构、课程目标与标准、课程内容，创新考核方式与教学方法，一脉相承，缺一不可。将思政教育融入司法信息安全专业是一个长期的、循序渐进的过程，为司法信息安全专业学生将来步入工作岗位打下坚实的基础，同时也符合培养全面发展的综合性高素质信息安全人才的要求。

第五章　信息安全领域保密人才培养模式

信息技术在给人们带来便利的同时，也带来了信息安全风险。随着信息化不断深入，信息安全保密已逐步渗入学生的日常生活、学习工作、科学研究之中，日益发挥着至关重要的作用。然而由于我国学生信息安全保密的教育资源、教育形式和评价标准相关研究还不够成熟，严重影响了对学生进行信息安全保密教育的培养质量。

第一节　信息安全领域紧缺人才培养机制

大力发展和应用信息技术，促进国家的信息化水平，是当前和未来国家竞争的制高点。而推进信息技术发展和提升国家信息化水平的关键就在于培养高素质的信息人才。然而我国信息人才的现状却不乐观，表现为信息人才总量十分缺乏，结构性矛盾突出，普通劳动者过剩，高层次、复合型信息人才严重短缺，信息人才的流动性偏高。信息领域人才培养机制的不健全是造成信息人才现状的重要原因。人才培养机制主要包括：人才培养的模式、人才培养的质量监控、人才培养的政策支持。

我国现行的信息人才培养模式单一，主要是以高校培养为主，十分缺乏实践的职业化培养，在质量水平上表现为重理论轻实践，动手水平不高。以微电子、计算机网络、软件工程为代表的信息技术，是迄今为止人类社会技术进步过程中发展最快，渗透性最强、应用最广泛的关键技术，代表先进生产力的发展方向，创造了有史以来人类最高的劳动生产率。西方发达国家十分重视这些战略专业的人才培养。如果仔细观察一下美国或者欧洲各国的教育体制，就会看到他们在高度发达的市场经济中，对于战略人才培养的重视程度远超我们的想象。然而，以微电子（芯片）、网络、软件工程等为代表的信息技术领域的核心人才，正是我国发展高科技信息技术十分紧缺的战略人才。因此有必要把微电子（芯片）技术、高速计算机网络、软件工程等作为信息学科的重点紧缺专业，大力扶持，革新人才培养模式，完善人才培养机制，以满足国家对信息领域紧缺的战略人才的需要。

一、信息领域紧缺专业的预测

信息领域是一个相当宽泛的概念，它的内涵和外延仍然在不断发展当中，至今，对信息领域的范围还没有一个准确的界定。信息技术，在 20 世纪 80 年代才逐渐发展成为一门独立的学科。1981 年，英国的一次民意调查显示，80% 的被调查者没有听过信息技术一词。目前世界范围内对信息技术有多个不同的定义，比较统一的定义是指“一系列与计算机相关的技术”，该定义接近于现代信息技术的概念范畴。一般来说，信息技术体系包括三个基本的层次：一是信息基础技术，如微电子技术、集成电路技术等；二是信息系统技术，如计算机硬件、软件技术；三是信息应用技术，如网络技术、通信技术等。

（一）全球信息化和信息技术发展的趋势

当今以信息技术为代表的高新技术迅猛发展，信息技术已经成为对全球经济影响最大的技术。以信息化和信息产业发展水平为主要特征的综合国力的竞争日趋激烈，信息技术的发展与广泛运用，加快了全球信息化的进程。信息化的概念是 20 世纪 60 年代日本人最先提出的，后来美国国家信息基础设施以及全球信息基础设施计划的引入，将信息化的研究重点导向技术层面，总体来说，全球信息化和信息技术发展的趋势主要有以下几方面。

1. 微电子、计算机、软件和通信技术快速发展

微电子技术是高科技和信息产业的核心技术，是信息技术的一大基石。没有现代化的微电子，就没有现代化的电子信息技术。所以有人说，“一代微电子，一代信息技术”。微电子技术在国防等战略领域具有关键性的作用，现代战争将是以集成电路为关键技术，以电子战和信息战为主要特征的高科技战争，微电子技术水平的高低将直接影响未来战争的结果。当今国际微电子发展的趋势是：集成电路的特征尺寸继续缩小，集成电路（IC）向集成系统（IS）发展；集成电路的规模不断提高，速度不断加快；复杂度不断增加，系统芯片成为开发目标；电路设计、工艺制造、封装的分立运行为发展无生产线集成电路设计和为微电子领域发展知识经济提供了条件。

网络技术已经开始由第一代互联网向下一代互联网发展，下一代互联网技

术是指由光纤到路由交换器，再到上层服务器的综合系统，包括操作系统和各种软件以及与此相关的各种标准。目前，美国的下一代互联网已经连接全国。英、德、法、日等发达国家也开始了下一代高速互联网研究。

2. 信息产业已经成为当今世界经济的主要推动力

20 世纪 90 年代后期，世界经济的年均增长率为 3%，而信息技术及相关产业的增长速度是经济增长的 2 ～ 3 倍。据美国商务部测算，1995 年到 1998 年，信息技术对美国 GDP 增长的贡献率在 1/3 以上。当前，信息技术已经成为当代最活跃、最先进的生产力，信息产业已经成为世界经济新的增长点和主要推动力。在许多发达国家，信息产业已经成为国民经济的第一大产业。

软件产业是信息产业的支柱产业，从全球软件产业发展趋势来看，软件技术的进步已成为推动信息产业发展的核心力量；软件产业已成为知识经济下国家经济实力的重要组成部分和全球经济一个新的增长点；信息产业的价值主体正由硬件向软件流动和转化。

（二）信息领域紧缺专业的战略重要性

1. 微电子技术是信息技术基石

微电子技术是信息技术的基础和支撑，是信息化过程中的核心技术。微电子产业是基础产业，对其他行业具有极强的渗透性。集成电路产业是促进国民经济发展和保障国家安全的战略性产业，是直接推动我国信息技术和信息产业的核心动力，是带动整个国民经济增长的重要因素。集成电路可以看作是信息产业的“心脏”。随处可见的信息化电器对集成电路的依存度十分高，由于之前没有自己的核心芯片，我们的企业不得不面对采购成本高，产品附加值低的尴尬局面，这是我国在计算机、通信、家电领域只是个组装大国的原因所在。信息时代的基石就是一个“芯”，由于没有自主知识产权的核心芯片，我国信息产业和信息技术的发展处处受制于人。

2. 网络技术是信息技术发展应用的先导和主要平台

网络技术是信息领域中发展最为迅速的几个技术之一，也是计算机信息技术应用最为普及和活跃的领域。随着人类步入信息社会以及全球“信息高速公路”建设的发展，在社会信息化过程中，最主要的平台就是计算机网络技术。基于网络技术的电子政务、电子商务、远程教育、远程医疗与信息安全技术正在以前所未有的速度发展，计算机网络正在改变着人们的工作方式与生活方式，网络技术的发展与应用业已成为影响一个国家与地区政治、经济、科学与文化发展的重要因素之一。

网络技术属于“先导型”高技术，对社会经济、科技教育发展，乃至国防政治都将起到决定性的影响，研发下一代网络技术意义重大。我国现在所使用的互联网是沿用美国的标准，存在很大的安全隐患。如果我们失去了对下一代互联网的发言权，我们将在很大程度上受制于人。因此，研制和制造下一代互联网，对推动我国实施信息化带动工业化战略，加速我国现代化进程，以及维护国家安全具有重要意义。

二、信息领域紧缺人才培养的现状与问题

信息人才，又称信息化人才，泛指随着信息技术与信息产业发展而形成的一类特殊的人才群体。信息人才有广义和狭义之分，广义的信息人才是指在工业、农业、科学技术、国防以及社会生活各个方面，应用现代信息技术对信息资源进行开发和利用的各类人才。狭义的信息人才是指高校培养的信息技术人才，主要是指信息科学技术相关专业人才，包括计算机科学与技术、电子力学与技术、软件工程、通信工程、信息工程、电子信息、微电子学、光信息科学与技术、地理信息系统、自动化、信息安全等专业人才。

（一）微电子专业人才培养的现状与问题

1. 微电子核心人才缺乏

人才是第一资源，对于微电子集成电路设计业来说，更是如此。微电子技术水平的高低，主要表现为是否能够制造出高性能的集成电路芯片。国产高性能芯片应该是指知识产权属于中国企业（或由中国设计师设计）的高性能芯片。这就需要大量的高水平的微电子技术人才（也称 IC 人才或芯片人才）。可是目前我国的芯片制造人才奇缺，设计水平不高，这已成为制约我国芯片产业（IC 业）腾飞的瓶颈。按未来几年的市场需求，保守估计每年所需 IC 设计人才大约在 5 万人左右，如果要保证整个 IC 设计产业正常运作，人才需求量则高达 20 万～ 50 万。为此，提高芯片产业的人才教育水平，加强芯片人才的储备，已是中国芯片产业的当务之急。信息核心技术的实现依赖于高水平的芯片设计人才。因此，加大微电子紧缺人才的培养力度，革新培养模式，成为高校、企业、社会共同面临的问题。

2. 教学改革滞后于产业发展是微电子人才短缺的主要原因

第一，国内芯片行业水平整体相对落后是主要原因。我国集成电路产业的落后和我国微电子教学科研经费的缺乏，阻碍了大学集成电路设计专业的发展和人才培养。大学的集成电路技术研究大多处于理论探讨和“纸上谈兵”的阶段，造成了微电子集成电路专业萎缩，人才补充资源枯竭。

第二，高校微电子专业（芯片专业）缺乏既具有微电子理论基础又具有实际芯片制造经验的师资力量，培养计划跟不上芯片产业的实际需求。集成电路产业的落后使微电子专业就业难度大，培养力度小，而且缺乏了解产业现状和前沿技术的教师。教师和学生的缺乏又使集成电路产业缺少足够的人才。

第三，与半导体产业和芯片设计投资成本相对较高有关系。集成电路产业一要高投资，二要不断更新和改进设备，也就是说要不断追加投资。我国目前还没有一个非国有企业能够支撑起一个大规模集成电路生产线的建设，因而主要靠国家投巨资建设，比如上海的“华虹”集成电路基地。我国的集成电路产业要走向产业与人才良性循环的道路，尚需要在集成电路产业和集成电路人才两方面做出努力。

（二）网络专业人才培养的现状与问题

1. 社会和企业对网络人才的需求量急剧增长

随着计算机信息技术的发展，网络工程技术也发生了巨大的变化。网络建设已形成了接入网、汇聚网、核心网、城市交换中心、地区以及国家级主干网等多种网络形态，这就使网络工程技术更加趋于复杂化和专业化。同时，网络也逐渐地社会化和大众化，政府上网工程、企业上网工程、社区网络建设等一系列的网络工程的开展和普及，使网络日益成为人们工作和生活的基本设施和基本手段。因此，社会对网络人才的需求量急剧增长，人才需求的缺口相当大，甚至形成了严重的网络人才危机。有数据表明，目前，我国高校每年培养的网络相关专业的毕业生人数不足 6 万，而社会对网络人才的需求量却高达 40 万。

2. 目前高校培养的网络人才与社会的需求脱节明显

高等院校无疑是培养网络人才的主要途径，但目前高校培养的网络人才与实际需要的网络人才有较大的脱节。主要表现为：首先，与网络技术相关的专业理论水平严重滞后，跟不上网络技术的发展。一些学院教授的网络课程，基本上属于 20 世纪 90 年代的水平，达不到下一代网络技术所要求的理论高度。其次，课程体系建设的不完善，现在社会需要的不是只懂网络的技术人才，而是需要团队合作意识强、社会需求导向观念强、具备全面信息技术知识的综合性的网络工程人才。最后，网络人才的培养缺乏实践性的锻炼，网络工程技术是一门实践性非常强的学科，对学生的实际动手能力要求比较严格，而目前高校在网络人才培养过程中，绝大部分仍依靠传统的教学方式，使网络专业的学生无法得到职业化的训练。

（三）软件专业人才培养的现状与问题

1. 软件人才结构不合理

根据国际经验，合理的软件人才结构应该是软件蓝领、软件工程师、软件架构与分析师并存的金字塔形状。人才基数由大到小，形成梯次，它们之间的比例应该是 7 ： 4 ： 1。根据教育部关于紧缺人才的报告可以看出，我国软件人才的结构呈两头小，中间大的橄榄形结构，稀缺的是两端：高端的“软件金领”和低端的“软件蓝领”。而现有的多数的软件人才，是通过正规的高等院校教育培养，集中在了软件工程师这一中端层面。而在高端的“软件金领”和低端的“软件蓝领”培养方面力度不够，就暴露出了高校信息技术人才培养结构的不合理，这种软件人才培养结构的不合理阻碍了软件产业的发展。

对于中国到底缺乏什么样的软件人才，人们的观点并不一致。有的人说是“软件蓝领”，有的人说是“软件金领”，事实上，我国软件人才既缺乏一大批能从事基础性工作的“软件蓝领”，又缺乏既懂技术又懂管理的软件高级人才，即“软件金领”。在软件外包人才方面，不仅缺少掌握外包基础知识的初级软件外包工程师，也缺少具有外包项目实战经验、能够带领外包团队的中级技术和管理人员，更缺少熟悉客户语言和文化背景、精通国际外包行业规则、具有国外市场开拓能力的高级人才。

2. 软件人才培养与产业发展需求严重脱节

我国缺乏根据市场和产业发展的实际需要制定软件人才的培养体系。长期培养出来的人才绝大多数是中层软件人才，而产业发展急需的“软件金领”与“软件蓝领”十分匮乏。同时培养出来的人才，实际操作能力不强，普遍不熟悉国际标准、工程和技术规范，再加上现有的教学体制和教学方法比较陈旧、落后，适应产业发展需要的教材、师资等严重不足，严重影响了人才的学以致用能力的培养。另外，在软件人才和企业之间也缺乏有效的过渡阶段。

软件企业迫切需要大量的上手快、能力强的人才。但是，软件以及计算机相关专业毕业生的就业始终存在一个“怪圈”：一方面用人单位觉得软件人才匮乏，另一方面有相当多的毕业生却找不到合适的岗位。究其原因，主要是因为传统的高等教育人才培养模式和企业的需求不相适应，导致学生在学校所学与企业需求差距甚远。对于企业来讲，由于软件开发周期短、版本更新速度快，企业希望新进员工无须培训就能上岗为企业创造价值。但是当前高校对学生的培养重理论、轻实践，在一定程度上造成了学生眼高手低的情况。再者，现在IT行业注重团队合作，而传统的教育模式往往更注重个人能力的考察，忽视了对学生团队合作精神和情商的培养。此外，软件人才培养还存在教学体系、课程设置重视知识面，忽视针对性和热点技术，知识更新落后等现象。因此，造成了高校软件相关专业的毕业生因缺乏实践工作经验而不能满足企业对应用型人才的大量需求。

从根本上说，软件人才短缺的主要根源是，软件教育体制调整的速度落后于软件产业发展的速度。软件是一种高科技产品，当处在发展的早期阶段时，由于技术的原因，只有少数精英才能从事，这时需要的人较少，而且需要的人必须是“专家型”的社会精英，编制软件的工作也往往是“小作坊”而不是“流水线”，可以说这时的软件产业是“贵族”，相应地，这时的软件人才培养体制也仅仅限于高等院校。但任何一门技术，要实现产业化，首先需要的是技术本身的“平民化”和“工程化”，从事这个产业不再是少数社会精英的“特权”，而是让大多数人都能够从事这种行业；所从事的工作不再是一种个性化的创造，而是按照一定规范多数人协同作业。这就对人才的培养提出了新的要求，教育体制也应该做出相应的调整。

第二节 信息安全保密素养培养模式

一、信息安全保密

（一）信息安全

关于信息安全的定义，以下是一些有代表性的定义方式。

①国内学者给出的定义：“信息安全内容分为实体安全、运行安全、数据安全和管理安全四个方面。”

②国家信息安全重点实验室给出的定义：“信息安全涉及信息的机密性、完整性、可用性、可控性。综合起来说，就是要保障电子信息的有效性。”

③英国BS7799信息安全管理标准给出的定义：“信息安全是使信息避免

一系列威胁，保障商务的连续性，最大限度地减少商务的损失，最大限度地获取投资和商务的回报，涉及的是机密性、完整性、可用性。”

美国国家安全局信息保障主任给出的定义：“因为术语‘信息安全’一直仅表示信息的机密性，在国防部我们用‘信息保障’来描述信息安全，也叫‘IA’。它包含五种安全服务，包括机密性、完整性、可用性、真实性和不可抵赖性。”

国际标准化委员会给出的定义：“为数据处理系统而采取的技术的和管理的安全保护，保护计算机硬件、软件、数据不因偶然的或恶意的原因而遭到破坏、更改、显露”。这里面既包含了层面的概念，其中计算机硬件可以看作是物理层面，软件可以看作是运行层面，再就是数据层面；又包含了属性的概念，其中破坏涉及的是可用性，更改涉及的是完整性，显露涉及的是机密性。

纵观从不同的角度对信息安全的描述，可以看出两种描述风格。一种是从信息安全所涉及层面的角度进行描述，大体上涉及了实体（物理）安全、运行安全、数据（信息）安全；另一种是从信息安全所涉及的安全属性的角度进行描述，大体上涉及了机密性、完整性、可用性。

（二）保密

信息安全中包含了保密，保密是信息安全的核心内容。保密就是将秘密控制在一定范围和一定时间内，防止被泄露和利用。保密泛指保守党和国家的秘密。

（三）信息安全保密

根据某教授研制的军语检索系统中定义的信息安全保密概念：为保证信息化条件下军事信息安全而在保密方面采取的管理和技术措施。它是信息化条件下军队保密工作的主体。

蔡红柳编撰的《信息安全技术及应用实验》一书中指出：“信息安全保密是指秘密信息在产生、传输、处理和存储过程中不被泄露或破坏，确保信息的保密性、完整性、可用性、可控性和不可否认性，并保证信息系统的可靠性和可控性。”信息安全保密通常有三层含义：一是涉密信息系统安全，即实体安全和系统运行安全；二是系统中的秘密信息安全，即通过对用户权限的控制、数据加密等确保信息不被非授权者获取和篡改；三是管理安全，即用综合手段对信息资源和系统安全运行进行有效管理。

（四）信息安全保密素养的要素

①信息安全保密意识，是学生具有信息安全保密素养的前提，主要是学生

对信息安全保密重要性和重要地位的认识水平，以及自觉获取信息安全保密资源和察觉信息安全保密问题的敏锐性。具有信息安全保密意识的学生会不自觉地关注自身和周围的信息安全保密问题，并且能够预测可能造成的后果。

②信息安全保密知识，是学生具有信息安全保密素养的基础，主要是对信息安全保密理论和技能知识的了解和掌握。具有信息安全保密基础知识是学生在校和将来走向工作岗位的基础性要求同时也是必备要求，尤其是在军校教育培养中占重要地位，学生只有具有良好的保密知识储备，才能在今后的学习及工作中知晓遇到的保密问题并作以正确应对。

③信息安全保密技能，是信息安全保密素养培养的目的，主要是学生对信息安全保密问题做出防范、处理的技术和能力。预防为先，只有防范到位，才有可能不被较多的信息安全和保密问题所困扰。其次，是处理技能，当保密问题发生时，要有较好的解决方案和处理技能来处理所遇到的问题并最大限度地恢复原状。

④信息安全保密伦理，是信息安全保密素养培养的方向，主要是学生在理解信息安全保密职责基础上，在信息安全保密活动中普遍认同和共同遵守的符合社会一般要求的行为和伦理规范。学生应了解相应的信息安全保密法律、法规，并明确违反法律、法规应承担什么样的责任，在学习、生活中不断规范自己的保密行为，为安全保密构筑良好的道德屏障。

作为信息安全保密素养的四个核心要素，信息安全保密意识、信息安全保密知识、信息安全保密技能、信息安全保密伦理相辅相成、相互协调，构成一个统一的整体，意识在整个素养中起先导作用，知识在整个素养中起基础作用，技能在整个素养中起核心作用，伦理在整个素养中起导向作用。

二、学生信息安全保密素养及培养存在的问题

（一）缺乏深刻的思想认识

思想是行动的先导，认识是前进的动力。目前，学校及学生对信息安全保密培养的认识还不到位。学校方面，培养力度不够，只通过一门课程或几次讲座对学生进行短期的教育，而没有制定长远的教育计划，此外，学校开展的教育活动仍然停留在知识的传授和意识的熏陶层次，缺乏明确的教育目标、合理的教育内容与有效的教育手段，导致信息安全保密教育流于形式，成效不佳。学生方面，对信息安全保密只是表面的理解、认识，较零散，不全面，只是过多地关注知识的硬性记忆及考核结果，很少会全面提升自身的信息安全保密素养。

（二）缺乏优质的信息资源

这些资源以纸质材料为主，表现形式单一，以信息安全保密课程为主的网络课程、电视教材、多媒体课件等教学资源较少，此外，针对学生而设计的信息安全保密知识手册较少，与学生学习、生活中可能遇到的信息安全保密问题联系较少。另外，学校缺少增强学生信息安全技能，提升学生信息安全意识的新颖性和独创性的知识内容、海报、测题等培训材料。以上种种问题，无法为学校开展信息安全保密教育活动提供条件支撑。

（三）缺乏多元的教育形式

开展多元化的教育有助于学生对信息安全保密知识产生浓厚的兴趣，更加深入地了解相关知识，掌握相关技能，并能使学生的信息安全保密意识更加长久化。从目前军校学生信息安全保密教育情况看，保密教育形式较单一，主要依赖于基础课程讲授及专题讲座，多数学校并未充分利用学校的宣传栏、展板、橱窗等大力宣传信息安全与保密知识，此外，并未开展“信息安全保密月”等具有长效机制的活动，没有定期对学生进行信息安全保密素养培训等。

（四）缺乏科学的评价标准

设计科学合理的评价标准并开发在线测评系统，从理论层面和实践层面来说具有重要的价值。从现状来看，大部分院校信息安全保密教育的评价只通过知识考核或论文的形式考查学生对理论知识的掌握及理解，而忽略了对信息安全保密意识和技能的测评，对信息安全保密素养的评价理论研究也很薄弱，对评价指标体系、评价模型、评价方法等问题研究的均较少，缺乏一套完善的评价标准和测评系统，不能准确掌握军校学生各个阶段信息安全保密素养的真实水平，更难追踪学生信息安全保密素养的发展变化及内在需求。

三、高校学生信息安全保密素养培养模式的构成要素

关于培养模式的构成要素，主要有以下四种观点，即“两要素说”——培养目标和培养方法；“三要素说”——培养目标、培养过程、培养方法；“四要素说”——培养目标、培养过程、培养制度、培养评价；“多要素说”——培养目标、选拔制度、专业结构、课程结构与学科设置、教学制度、教学模式、校园文化、日常教学管理等多个要素。高校学生信息安全保密素养培养模式涉及“培养什么样的人”及“怎样培养人”两方面的命题，因此，构成学生信息安全保密素养培养模式的要素有：培养目标、培养内容、培养途径和培养评价。

（一）培养目标

培养目标是培养模式的根本，是培养模式其余要素运行的基石和指导。培养目标是指通过培养活动使培养对象达到的基本要求和规格标准。培养目标由培养方向和培养规格两部分组成，培养方向指将受教育者培养成什么人，而培养规格是指受教育者应达到的水平与标准。

培养目标具有一定的稳定性，它明确培养对象未来的发展方向和预定的发展结果，指导着培养活动的各个方面和全过程；培养目标又是动态的，是一定时期社会发展需要在人才培养工作中的反映，它是一个历史范畴，具有鲜明的时代特征，它反映了人们关于教育的价值观念，规定着教育对象的发展方向和预期的发展结果，指导和支配着教育活动的进程。

（二）培养内容

培养内容是培养模式的依据，是培养目标的具体体现。由于高校学生信息安全保密素养的培养不同于学科培养、专业培养或学历培养，因此，在这里特别设置了培养内容这一要素，目的是将所需要培养的内容能够具体化，尽量深入到各个知识点，使学生对需要掌握的内容有一个清楚的了解。培养内容包括覆盖面、区域和时间。覆盖面是指信息安全保密素养及各层次涉及的内容；区域是各层次的划分依据；时间是内容分阶段、松紧、弹性的进行。

（三）培养途径

培养途径是培养对象在培养过程中进入和参与一系列认识与实践活动的载体。培养途径通常包括基本途径和综合途径、教学途径和非教学途径等。基本途径就是普遍认同和采纳的课程教学、科学研究和社会实践；综合途径就是“产学研结合”的一体化培养途径；教学活动是院校的基本活动，是院校人才培养的主要途径，通常情况下高等院校的教学途径是多种多样的，包括课堂教学、实习见习、科研训练、军事训练等途径，其中，课堂教学包括课内实验、选修课教学，实习见习包括部队实习、代职锻炼，科研训练包括课程设计、课程论文、毕业论文、毕业设计；非教学途径包括一切被称之为“隐性课程”的教育环境及教育活动，比如课外学习、思想政治教育、军人作风养成教育，课外文体活动、学术科研活动、社会服务活动等。

（四）培养评价

培养评价是培养模式的调控性因素，对培养模式其余要素进行监控。目的是通过调节与反馈，促进培养模式各环节的优化组合以提高培养质量。培养评价的标准应是动态的，包括水平全方位评价与垂直主体的自我评价。

四、高校信息安全保密素养培养模式构建原则

（一）以适应自身发展需要为基本出发点

信息化及网络化的发展，使得高校学生所遇到的信息安全保密问题日益复杂化、多样化，信息安全保密素养水平的强弱已成为此类问题能否得到有效解决的关键，而信息安全保密素养的培养更成为制约高校学生自身素质全面发展的薄弱环节。高校学生在日常学习、生活甚至未来工作中需具备较高的信息安全保密素养，方能不断适应信息化时代对学员自身发展的需求及挑战，尤其以信息安全保密知识储备和处理技能最为突出。因此，学校有必要高度重视信息安全保密素养的培养，以学生自身发展需求作为基本出发点，构建出一套行之有效的信息安全保密素养培养模式，其培养内容必须尽可能地覆盖与学生相关的信息安全保密知识、技能等，依据此模式培养出具有较高素养的信息安全保密学员。

（二）融合中西方高校信息安全素养教育文化

关于信息安全素养方面的培养，中西方学校各有其侧重点。国内在信息安全素养培养方面，主要以信息安全与保密课程的教授为主，过多的在于知识的传授，意识和技能融入的较少。国外侧重对信息安全意识的培养，学校比较关注信息安全意识且很重视信息安全意识培训，其培训内容多以主题的形式展现，在增强学生解决信息安全问题能力的同时也随之提升了学生的信息安全意识，信息安全意识在提高的同时也会提升学生的信息安全技能。因此，高校学生信息安全保密素养培养模式的构建应融合中西方的信息安全素养教育文化，在实施课程教学的同时，可借鉴国外学校对学生开展的信息安全意识培训项目，以主题教育作为其中一项长期坚持的培养内容及特色，使学员的知识、意识、技能、伦理同步提升。

（三）融合现代教育理念

信息安全素养培养秉承以人为本、素质教育、多样化和系统性的现代教育理念。以人为本应强调把重视、理解、关心学生贯穿于信息安全保密素养培养的过程之中，并试图开发和挖掘高校学生对信息安全保密的所需所求，致力于提高学生全面适应信息安全环境的能力；素质教育主张信息安全保密能力是比知识更加重要、稳定、持久的要素，而不是过多地重视知识，应达到诸多要素

的和谐发展，以提高整体素养为最终归宿；多样化强调信息安全保密素养的培养手段、培养方式、培养评价等不能过于单调、拘泥，应呈现内容多元化、形式多样化的态势，促使学员充分适应信息安全保密的发展要求；系统性强调信息安全保密素养的培养不是一朝一夕的事情，应做好长期规划，分阶段、系统性地实施培养，为学员埋下信息安全保密的种子，并能长期扎根于学员的潜意识里，使学员终生受用。

第三节　信息安全保密素养多元式培养模式的构建——以军事院校为例

军事院校（以下简称军校）是培养军事人才的摇篮，军校学生是军校学员的主体，也是未来军队的重要人才资源，面向军校学生开展信息安全保密素养教育是军校人才培养方案中军事基础教育和军人素质养成的基本内容之一，但是由于军校学生大多数是刚入伍的高中毕业生，对信息安全的认识有限，对军队保密工作了解不足，同时又缺乏军队生活的体验，其信息安全保密素养参差不齐，这一方面加大了军校信息安全素养培养的难度，另一方面也为军校信息安全保密增加了新的隐患。

一、军校学生的来源特征

（一）高中毕业生源

军校大部分生源来自高中应届毕业生，主要是通过高考被军校录取，入校年龄在 16 ～ 20 岁之间，入校前基本都是各个中学的尖子生，是老师和同学的关注重点，往往具有强烈的优越感和自我中心意识，对学习和生活充满了自信。但是他们没有经历过部队生活训练，对军队和军队保密工作了解较少，所以在大学具有学习科学文化知识和熟悉军队情况的双重任务。

（二）军队生长干部

军队生长干部是指社会符合条件的公民应征入伍后一般在部队服现役满一定年限，考入部队院校毕业的学生和少量直接选拔（即保送入学）的优秀班长、士兵直接提升为干部的，即通称的“生长干部”。这类学员一般经历了一定的社会经历和至少一年的部队训练生活，对部队组织管理体制较为熟悉，对保密工作有一定了解。

二、军校学生的群体特征

高中生源学员与部队生长干部学员由于生活经历不同，存在着几个方面的相同特征与不同特征。

（一）相同特征

1. 学习积极性相同

两种生源的学员进入军校后，面临新的环境和新的目标，都有着一定的新鲜感，具有学习新知识和实现人生理想的强烈愿望，尤其是入校之初都有着强烈的学习积极性，具有很强的学习兴趣。

2. 文化课基础相同

按照《兵役法》的规定，我国适龄应征入伍的士兵大多具有高中以上文化程度，考入军事院校的军队生长干部学员，基本上拥有高中学历，因此他们与高中生源的学员拥有相同的文化课基础，在学习新的知识时，具有相同的知识背景，方便统一开展教育活动。

（二）不同特征

1. 思维方式不同

高中生源学员的思维比较活跃、超前。他们在中小学的学校生活中接受过多门学科的系统学习，也接受了多方面思想的熏陶，工作中善于思考，能及时发现问题、总结规律并能很好地运用规律去解决工作问题，思维比较开阔，分析问题比较透彻，发展的潜力较大。

生长干部学员是从基层士兵中成长起来的，具有一定的工作经验，从士兵成长为干部，一般需要 4 ～ 5 年的时间，因此年龄相对偏大，容易形成固有的思维模式，经验性的认识比较多，开拓创新意识不强，导致在学习中的想象力与创造力有所局限。

2. 对部队认同感不同

由于高中生源的学员和部队生长干部生源的学员的成长经历不同，客观上对部队的感情投入也就不尽相同。高中生源的学员没有当兵的经历，没有系统地体验过与官兵们一起的摸爬滚打，没有系统地接受过部队优良传统的熏陶。因此，他们对部队的感情和对部队的长远发展观念就不同于生长干部。他们往往考虑个人的发展多于部队的发展。对部队的条令条例和军人的一系列行为规范理解不深入，尤其是对于军队保密工作，认为与己无关，把自己作为旁观者，往往在一定程度上畏惧军校生活。

三、军校学员信息安全保密素养的多元教育目标设计

（一）军队信息安全保密的要求

1. 军队保密工作

军队保密工作是指从维护国防和军队的安全与利益出发，为保守军事秘密而采取的各种防范措施及一切活动的总和。随着信息时代的到来，保密工作面临着许多新情况、新变化，地位和作用更加突出。保密工作也开始实施“三个转变”：即保密工作思路从单纯的“保”向“保放结合”，确保重点转变；保密工作重点由抓常规保密向抓信息安全保密转变；保密管理工作由行政管理为主向行政管理与技术防范相结合转变。其中信息安全保密已成为军队战斗力建设的重要内容，是赢得战争胜利的重要保障。加强信息安全保密知识和技能的学习，增强信息安全保密意识，营造信息安全保密氛围，既是时代发展的客观要求，也是军队院校做好打赢准备的迫切需要。

《中国人民解放军保密条例》（以下简称《保密条例》）第五条规定，军队保密工作的基本要求是：科学确定军事秘密，控制知悉范围，防范军事秘密被窃取、泄露和破坏，消除泄密隐患，确保军事秘密安全。

（1）科学确定军事秘密

军事秘密的确定需要参照《保密条例》中军事秘密的范围，依据军事秘密的密级划分标准，遵照定密程序，确定军事秘密的等级、知悉范围和保密期限等事项，密级确定有三种方法，针对可以明确军事秘密等级的可以按照密级的划分标准“对号入座”，针对不能直接明确军事秘密等级的，一是按照上级下发的时候的要求参照执行，二是提请对应的保密部门进行按级定密。防止出现“无密可保”的麻痹观念和“定密过宽”的违规行为，科学合理地确定军事秘密。

（2）控制知密范围

军事秘密在一定时间内只限一定范围的人员知悉，未经批准，不得擅自扩大知密范围。

（3）防范军事秘密被窃取、泄露和破坏

防范现实和潜在作战对手的窃密活动，防止涉密单位和人员泄露军事秘密，谨防军事秘密被破坏，是保守军事秘密的主要任务。

（4）消除泄密隐患

将不易被觉察的、容易被忽视并可能导致军事秘密泄露或被窃取的各种隐患找出来。从各方面采取措施，在每个环节上堵塞可能导致军事秘密泄露或被窃取的漏洞，防患于未然。

（5）确保军事秘密安全

在军队保密工作中，所采取的一切措施和手段，都是从确保军事秘密安全这一根本目标出发，要精心组织实施，做到万无一失，不允许有任何的疏漏和懈怠。这是军队保密工作的根本目标，保密工作是安全工作的重要内容，严格采取“一票否决制”。

2. 信息安全保密的地位

（1）信息安全保密是国家安全战略的重要内容

信息安全保密是整个国家安全的基础，关系着一个国家的安危。它不仅是社会经济健康、持续、有序发展的保障，更是维护政治稳定、社会稳定及各项决策顺利实施的重要保障。在信息时代，保证国家安全的首要条件就是确保信息安全。

（2）信息安全保密是军队信息化建设的重要保障

军队信息化建设的本质，就是通过广泛应用现代化信息技术，全面提升军队的信息能力，最终把以物质和能量为主要作战力量构成要素的、适于打机械化战争的机械化军队，建设成为以信息和知识为主要作战力量构成要素的、适于打信息化战争的信息化军队。信息化建设是军队全面转型的系统工程，涉及军队的各个方面、各个领域。军队信息化建设的方方面面，如军事信息系统建设、信息化武器装备、信息化作战理论研究成果等，都离不开信息安全保密工作的保障。

（3）信息安全保密是信息化战争的重要内容和手段

传统战争主要着眼于如何更多更有效地消灭敌方的有形有生力量。而信息化战争，虽然仍需要保卫有形空间主权，但其作战行动更多、更主要地集中在无形的电磁、网络等空间进行，更强调保卫信息安全。信息化战争的关键是夺取“三权”（制信息权、制空权、制海权），其中，制信息权是关键和前提。在信息化战争中，谁拥有信息优势，掌握制信息权，并运用高技术武器装备，谁就可以取得战争的胜利。

3. 信息安全保密的发展趋势

（1）地位更加突出

首先，随着人类向信息化社会的快速迈进，信息安全保密已上升为国家安全的重要方面。政治、经济、军事、社会、文化、科技等活动，对信息和信息网络的依赖性越来越大。其次，军事斗争准备对信息安全保密工作提出了更高的要求，夺取制信息权是未来信息化战争的重要任务。

（2）涉及范围更加广泛

信息安全保密是近年来迅速发展起来的一个热点领域，涉及众多学科、领域，而且随着时代的发展，其内容还在不断丰富和拓展。从理论上看，信息安全保密是在融合管理学、行政学、信息科学、数学、密码学、人工智能、计算机科学、通信、控制、情报学、法学等多学科的理论和知识基础上，形成的一门综合性学科。从实践上看，信息安全保密涉及国家政治、经济、文化、科技等各个领域，涉及军队机关、部队、院校、科研院所等各个单位、各类人员以及军事、政治、后勤、装备等工作的方方面面。从内容上看，信息技术的发展导致了信息的产生、存储、传递和使用方式的根本变化，使军事秘密的存在方式空前广泛。涉密载体已由纸介质拓展到了声、光、电、磁、热等各个领域，其表现形式也由文字拓展到了数据、符号、图形、图像、声音以及电磁信号、可见光信号、红外信号、紫外信号、激光信号等，涉及通信、雷达、计算机网络等各个领域。从涉及的空间和环境上看，涉密信息不仅存在于陆、海、空等传统空间，而且日益向太空、电磁、网络空间渗透；不仅涉及自然环境、电磁环境，还与社会环境密切相关。

（3）专业化水平更高

首先，信息安全保密理论研究更加深入。近年来，国际、国内广泛开展了对信息安全保密问题的理论研究，一大批理论研究成果相继问世，信息安全保密的理论体系逐步形成。其次，信息安全保密技术日趋产业化。信息安全保密的需求和相关法规、政策的陆续出台，促进了信息安全产业的发展。针对实体安全、网络安全、主机/终端安全都有相应的配套产品。最后，信息安全保密技术标准越来越完备。国家和军队相继出台了一系列的信息安全保密技术标准，并且建立了信息安全测评认证中心，使信息安全保密技术产品生产、销售、使用的控制与管理逐步走上规范化轨道。

信息安全已经进入了信息保障阶段，强调建立整体安全防护体系。在安全方面倡导五大能力（安全防御、安全应急、事件发现、系统恢复和信息对抗能力）。信息安全管理模型进一步完善，最新的安全管理模型为WPDRRC模型，包括人、管理和技术三个要素以及预警、保护、监测、响应、恢复和反击六个环节。

（二）军校学员失泄密事件对信息安全保密素养教育的启示

从近年来通报的信息安全失泄密事件来看，按照危害程度划分，军事泄密事件可分为一般泄露军事秘密事件、严重泄露军事秘密事件和重大泄露军事秘密事件三类；按照主观动机划分，军事泄密事件可分为故意泄露军事秘密和过失泄露军事秘密两类。对于军校来说，各种类型的失泄密事件都有发生，根据通报的案情分析，造成泄密事件的外部原因主要是窃密手段越来越多样化，内部原因是学生在思想意识、组织管理和技术方面存在缺陷，使学员难以应对各种信息安全威胁。

1. 多样化的窃密手段

一是利用网络进行信息搜密。敌对分子明确提出要在互联网上搜索我军信息，通过搜索引擎，可以在互联网上搜索到很多我军信息，成为敌对分子窃密的重要手段。

二是策反我方人员卖密。境外反动势力在网上采用发布招聘启事、同乡联谊和聊天等方式设置陷阱，拉拢腐蚀策反我方人员，军校学生由于年龄小，社会经验不足，很容易受到诱惑，落入反动势力的圈套，从而成为被利用的工具。

三是利用木马等技术窃密。瞄准我军信息设备的漏洞或后门，境外反动势力通过扫描、安装木马、拒绝服务攻击等技术手段窃取我方机密。

2. 学员泄密的主要原因

（1）思想意识方面的原因

军校部分学员思想麻痹，保密观念淡薄，在日常学习生活中，没有形成遵守保密守则的习惯，又缺乏必要的信息安全保密技能，无法确保信息化条件下的军事秘密安全，甚至出现了借助身处军校的便利条件，与不法分子勾结，出卖军事秘密的行为，对军事利益造成了不同程度的危害。

（2）组织管理方面的原因

尽管学员基本了解《中国人民解放军保密守则》《保密条例》《涉密场所的保密管理规定》等文件，具备一定的信息安全保密素养，但是在实际学习中有章不循，操作随意，加上部分学校对保密工作管理松散，组织不力，导致失泄密事件频发。

（3）技术防护方面的原因

军校的学员和教员，甚至大多数管理人员缺乏信息安全保密知识，不能灵活应对信息安全威胁，同时缺乏必要的信息安全防护技能，没有掌握先进的信息安全防护技术，防范不力。

3. 主要启示

从敌特分子窃密的手段和军校学员泄密的原因可以发现，当前军校学生的信息安全保密素养不仅需要在意识和能力方面得到加强，更需要掌握一些信息安全保密的基本技能，有能力去防御窃密事件的发生，同时提高学员的信息安全保密的道德，成为德才兼备的军校学员。

（三）军校学生信息安全保密素养的多元教育目标

军校学生信息安全保密素养的提高主要依靠教育手段。因此教育目标即人才培养目标的制定是信息安全保密素养培养的导航器。

1. 教育目标的分类理论

当今教育界教育目标分类主要是布卢姆和加涅的两种分类方法，信息安全保密素养的内容与布卢姆的目标分类法较为贴近，而且便于操作实现。20 世纪 50 年代以布卢姆为代表的美国心理学家提出了教育目标分类理论体系。布卢姆等人将教学活动所要实现的整体目标分为认知学习、动作技能学习、情感学习等三大领域，并从实现各个领域的最终目标出发，确定了一系列目标序列。

（1）认知学习领域目标分类

布卢姆将认知领域的目标分为知道、理解、运用、分析、综合和评价六个层次。布卢姆的分类系统中，第一层次是知道，主要涉及对言语信息的简单记忆，不需要对原输入的信息做多大改组或加工。而以后的五个层次与知道的不同之处在于：它们是加工知识的方式，需要学习者在心理上对知识进行组织或重新组织。这个分类系统为我们确定教学目标提供了一个很好的思考框架。

（2）动作技能学习领域目标分类

辛普森等人在布卢姆研究的基础上，将动作技能目标分成七级，即：感知、准备、有指导的反应、机械动作、复杂的外显反应、适应、创新。

（3）情感学习领域目标分类

情感是人对外界刺激的肯定或否定的心理反应，如喜欢、厌恶等。人的情感会影响人做出的行为选择。1964 年克拉斯伍等人依据价值内化的程度，将情感领域的目标共分为五级：接受或注意（愿意注意某特定的现象或刺激）、反应（主动参与，积极反应，表现出较高的兴趣）、评价（用一定的价值标准对特定的现象、行为或事物进行判断）、组织（遇到多种价值观念的复杂情境时，将价值观组织成一个体系，对各种价值观加以比较）、价值与价值体系的性格化（形成个人的品性）。学习的结果包括默认、愿意反应和满意的反应。这类目标与所谓的学习兴趣或学习积极性类似，强调对特定活动的选择与满足。

克拉斯伍等人的分类启示我们，情感或态度的教学首先是一个价值标准不断内化的过程。教师讲授或教科书上所呈现的价值标准，对学生来说是外在的，学生必须经历接受、反应和评价、组织等连续内化的过程，才能转化为自己信仰的内在价值。

2. 信息安全保密素养的多元教育目标设计

信息安全保密教育的根本目标是提高学员的信息安全保密素养，因此可以从方便教育活动开展的角度对信息安全保密教育的目标进行设计。

信息安全保密素养按照内容层次要求可以分为通识信息安全保密素养、专业信息安全保密素养、实践和创新信息安全保密素养，通识信息安全保密素养是军校学员所必备的素养，是最基本的要求；专业信息安全保密素养是针对部分相关专业的学员，按照培养要求，需要进一步拓展和专门培养得到此方面的知识和技能；实践和创新信息安全保密素养是在前两种素养的基础上经过实践，形成的新的经验和能力的总称。这种分类方法明确划分了信息安全保密素养的内容层次，可以为信息安全保密素养的培养、时间安排提供依据。

为了明确信息安全保密教育要求和指导评价活动，还需要对信息安全保密素养的目标层次进行划分。参照布卢姆的教育目标分类方法，军校学生信息安全保密素养教育的总体目标是能够按照信息安全保密管理要求和使用涉密实体物理安全、通信系统、网络信息安全等保密技术措施解决常见信息安全问题，树立信息安全保密意识，提高信息安全保密素养。根据目标的内容属性，可以将教育目标分为三层，即知识目标、技能目标、情感目标。

（1）知识目标

知识目标是信息安全保密素养教育的基本目标，知识目标的范围依据信息安全的内涵和军队保密工作的涉及范围，主要包括信息安全形势与军队保密工作、涉密实体的信息安全保密、通信信息安全保密、计算机网络信息安全保密、信息安全保密的法律体系、信息安全保密的组织管理六个方面。具体要求有以下几方面。

①信息安全形势与军队保密工作方面，能够解释军事秘密的概念、存在方

式和等级，阐述军队保密工作的基本要求，说出军事泄密事件的分类和造成泄密的主要原因；能够解释信息安全保密的内涵、属性、指导思想和方针原则，阐述军队信息安全保密的发展趋势、严峻形势和地位作用以及继承与发展保密工作优良传统的辩证关系。

②涉密实体的信息安全保密方面，能够说出窃听、窃照技术的概念和发展史、保密室安全防护的基本要求以及各种信息设备存在的安全隐患。

③通信信息安全保密方面，能够了解电话网、移动通信网和其他常见通信系统的主要组成和特点，阐述电话网和移动通信网的各种信息安全保密隐患。

④计算机网络信息安全保密方面，了解互联网的诞生背景和发展现状、计算机终端和网络存在的安全隐患、网络安全体系包含的基础设施，解释物理隔离网络存在的安全威胁。

⑤信息安全保密法规体系方面，了解信息安全法的概念、范围、立法进程，说明计算机信息安全防护等级，阐述军队信息安全保密法规体系和基本保密制度。

⑥信息安全保密的组织管理方面，了解信息安全保密管理手段，说明军队保密工作的组织领导体制、信息安全保密管理基本内容、保密奖励与泄密惩处措施，阐述平时与战时信息安全保密管理要求。

（2）技能目标

技能目标是信息安全保密教育的中级目标，是军校学员必须具备的内容。技能目标主要分为：发现问题能力，分析问题能力，解决问题能力。

（3）情感目标

情感目标要树立信息安全保密意识，认同信息安全保密面临的形势与挑战；重视涉密实体、通信系统、计算机网络等面临的信息安全威胁，坚持用正确的信息安全防护方法处理各种信息安全隐患；树立依法治密意识，养成自觉遵守信息安全保密法规和制度的习惯，增强做好保密工作的责任感和紧迫感，自觉遵守军人使用互联网保密要求，践行当代军人保密职责。

四、信息技术对多元式培养模式设计的影响

随着教育信息化的不断深入，信息技术对教育的影响也在不断加深，它不仅改变了教师和学生的学习时空，教育资源的分布状态和范围，还改变了学与教的方式以及对人才培养质量的评价方法，是人才培养模式改革所必须参考的一个重要技术因素。

（一）信息技术打造了一个多元的开放的学习环境

学习环境是支持学习者学习的一切要素和条件的综合。信息技术一方面打造了一个开放的学习环境，它可以通过网络实现资源的共享，改变资源的分布范围，扩大受众的数量，促进资源的合理配置，是解决人才培养中教育资源短缺和分布不均，实现资源优化配置的重要途径。另一方面实现了教育资源的多元化，利用信息技术开发的网络课程、学科专业网站、电子课件、电视教材等一系列具有信息化特征的教学资源，丰富了传统教学资源的内容，使教学资源的形式更加多样，满足了现代大学教育中知识教学的海量性、复杂性、整体性和开放性要求。

（二）信息技术改变了学与教的方式

信息技术改变了传统的教师为主、教材为主、讲授为主、应试为主的人才培养模式，现代信息技术和信息资源对教学内容、教学方法、教学过程、教学评价等环节进行了全新设计和组织，使人才培养活动发生了质的变化。一是改变了学习的途径，改变了学生知识获取主要依靠课堂、依靠老师的局面，使网络也成为学生获取知识的主要来源；二是丰富了学与教的方法，形成了基于信息化环境的支架式教学、抛锚式教学、随机通达式教学、小组讨论式教学、问题式教学（PBL）、先行组织者教学等多元的教学方法，同时也形成了基于信息化学习环境的，网络化学习（E-learning）的多元学习方法，如信息化自主式学习、信息化合作式学习、信息化探究式学习、信息化接受式学习、信息化体验式学习，同时传统学习方法与信息化学习方法经常混合使用，形成了协同学习的混合式学习；三是改造了教与学的流程，信息技术使传统教学的“回忆旧知识—介绍新知识—领会—巩固练习—总结”的一般教学流程，改变为“创设情境—提出学习目标—自主学习或网上协作—学习小结—测试”五个环节，充分发挥了学习者自主知识建构的积极性，提高了知识的传播效率。

（三）信息技术变革了教育评价方法

信息技术使教育评价的方法更加科学，出现了利用信息技术手段的网络教育评价。一是可以使教育评价更加公正，在网络环境下建立多种教学评价系统，如在线考试，网上评教等，可以客观、公正地对教学质量进行跟踪、监测和考核，同时网络评价系统还具有相应的分析和评估能力，对每个学生的学习质量给予正确的评价；二是提高了评价的效率，利用信息技术手段的教育评价可以提高评价的覆盖面，提高评价操作和实施的效率，能够快速形成统一的评价结果；

三是减少了结果的反馈时间，在信息环境下和传统环境下的评价反馈是不相同的，在信息化环境下，学生可以通过网络工具参加在线测试，然后在线自动判卷，实时地或以电子邮件的方式送到教师手中批阅，减少了反馈时间。

五、多元式培养模式在军校信息安全保密教育中的可行性分析

多元式培养模式的构建与应用是一项系统工程，其涉及面广，花费时间长，因此在可行性分析中必须考虑改革对象的特征、改革的目标、改革相关人员的积极性这三个问题，一是信息安全保密教育的内容是否需要多元式培养模式；二是信息安全保密教育的目标是否需要多元式培养；三是军校师生是否期望人才培养模式的改革。

（一）应用多元式培养模式符合信息安全保密教育内容的特征

信息安全保密教育是军校刚刚开始实施的一项教育任务，其教育内容涵盖范围广，内容复杂，同时具有理论性与实践性相统一的特点，又离不开信息技术支持的特点，与其他人文学科和自然学科的教育内容有着本质的区别．因此沿用传统培养模式，必将导致培养质量的下滑。而多元式培养模式与以“教师为主、讲授为主、教材为主”的传统教学模式相比，凸现了学生的学习主体地位，更加符合学生的学习思维方式，在表现信息安全保密知识和思维的抽象性、整体性、开放性和复杂性等方面，具有显著的优势，有利于学生从整体上把握知识，提高其发现、分析和解决问题的能力。多元式培养模式要求教师树立学生“全面发展”的教学目的观，把信息技术作为改革教育内容、转变师生地位、优化人才培养过程的基本工具，实现对传统人才培养模式的全面革新。因此，多元式培养模式绝不是信息安全保密教育单纯的方法手段改革，而是涉及教学系统各要素环节的全面革新。

（二）应用多元式培养模式满足提高信息安全保密教育的质量要求

教育质量是院校的生命线，如何提高教育质量是当前高等院校的主要任务之一，多元式培养模式是综合运用多种条件和资源开展人才培养，尤其是利用信息化技术手段，使其教学要素呈现出教材多媒体化、资源全球化、教学个性化、学习自主化、活动合作化、环境虚拟化等一系列新的特征，使超媒体授课、情景化学习、模拟实验、基于资源学习等成为教学的方式。这种教学要素和模式的转变，满足了信息安全保密教育知识的海量性、复杂性、整体性和开放性要求，为培养学员的自学能力、交流能力，创造了传统人才培养模式难以提供的丰富

资源、生动案例、网络平台和虚拟环境等，使“以学生为中心”“以人为整体”“学科课程综合”等现代教育理念，通过多元式培养模式得以实现，从而为改革人才培养模式、提高人才培养质量提供了新的途径。

（三）应用多元式培养模式是军校师生的迫切需要

据调查，大部分师生对现有信息安全保密教育的模式不满意，军队学生日益增加的学习需要与现有人才培养模式滞后之间的矛盾越来越突出，对培养模式改革的呼声也越来越高，师生的关注程度和学习积极性也在与日俱增，这为人才培养模式的改革奠定了基础。因此，发扬以人为本的传统，在人才培养模式改革中设计多元的人才培养目标，进而建设人才培养所需的资源体系，优化人才培养过程，构建多元的人才评价方案，实施单班探索到多班应用、自由行为到统一组织的过程，能够得到广大师生的理解和配合，使得逐步建立和完善多元式人才培养模式的组织与实施体系，最终实现信息安全保密教育从传统模式向多元式培养模式的整体转变。

六、多元式培养模式的构建

（一）多元式培养模式设计的三个原则

1. 注重学思结合

改变过去以填鸭式的知识灌输为中心的教育教学模式，让学生由知识的被动接受者，转变为知识的主动索取者与分享者，注重培养过程中学生思考能力、想象能力和创造能力的发展，使学生在学习中学会思考，在思考中学习，形成良好的学习和思维习惯。首先，要改变偏重于记忆和理解的课堂教学方式和立足于被动接受教师灌输的学习方式，确立以建构主义学习理论为指导、学生为主体的教学观，把学习的主动权和责任交给学生。其次，要适应经济社会发展和科技进步的要求，推进和深化以课程改革为核心的教学内容改革，与时俱进地更新课程内容，保持与社会发展和科技进步同步，充分发挥现代信息技术促进优质教学资源共享的积极作用，努力解决课程内容繁难偏旧的问题。

2. 注重知行统一

就是要在教育教学过程中注重对学生实践能力的培养，坚持教育与社会实践相结合，让学生不仅学会知识，还学会动手动脑，学会做事做人。当前，教育与实践相结合的重点是加强教学的开放性和实践性，强化社会实践、科研实践等培养环节，要善于从实践中吸取鲜活的教育素材，开发实践课程、活动课程，通过提供实践机会提升课程教学的成效。

3. 注重因材施教

要在统一教学要求的同时，关注学生的不同特点和个性差异，发掘每一个学生的优势潜能。教育的悲剧往往源于用一个标准要求所有的学生，而只有针对每一个学生的实际实施教育，让每一个学生都能在自己的基础上不断提高，才是真正以人为本的教育。为此，要探索分层教学等多样化教学形式，形成适应不同学生特点、灵活多样的教学组织形式和管理制度。对优异学生，要改进培养方式，给予支持和指导，促进拔尖人才成长；对具有特殊禀赋和潜能的学生要实施个性化的培养；对学习困难的学生，则要建立相应的帮助机制，努力不让一个学生掉队。

（二）信息安全保密教育的多元式培养模式

以多元式人才培养模式的内涵为依据，多元式培养模式强调了培养目标和规格的多元化，整个教育过程的多元化，评价标准与方式的多元化。设计“一个主题、两条主线，三类目标，四条途径，五项评价”的信息安全保密教育的多元式培养模式。

一个主题是指军校信息安全保密教育的主题是提高信息安全保密素养，一切教育活动都是围绕这个主题工作。

两条主线即提升信息安全保密素养主要依靠教和学，其中教强调的是在正式学习活动中，有组织地实施教育传播活动，而学不仅强调了正式学习活动中的学习，还强调了在非正式学习中，学习者的自主学习。

三类目标即强调信息安全保密教育的培养目标要进行分层分类，实现多元化，将学习目标分为知识目标、技能目标、情感目标，形成多元目标的立体式培养格局，打破仅仅以知识目标为主，学习者靠死记硬背实现学习目标的局面。

四条途径是按照知识获取的来源，将提高信息安全保密素养的途径划分为四类，即课堂教学，网络学习，宣传教育和社会实践四种，其中课堂教学和网络自学是军校学员获取知识的主要途径，而媒体宣传和社会实践主要是发挥第二课堂的非正式学习的优势。

五项评价是指拓展评价的方式，坚持总结性评价和形成性评价相结合，坚持自我评价和他人评价相结合，坚持传统方式评价和信息化方式评价相结合，形成课程考核、档案袋、契约评价、安全检查和网上自测五项评价方法。

七、军校学员信息安全保密素养多元评价方法的作用与原则

（一）多元评价的作用

詹姆斯·哈林顿（James Harrington）曾经指出：评价是关键，如果不能评价，你就不能控制；如果不能控制，你就不能管理；如果不能管理，你就不能提高。这个观点在当今的教育领域仍然具有非常重要的指导意义。

评价带有明显的导向作用，学校用什么标准来评价教学结果，教师就会采用什么样的教学行为来实现这样的教学结果。从某种程度上来看，学校的评价机制起到“指挥棒”的作用。那么用单一的成绩评价方式来评价学生必定是有局限性的，取而代之的方法应该是多元评价，用多种评价手段和方法来衡量不同的学生。只有这样才可能真正发挥评价的功能，培养出具有分析、思考和解决问题能力的学生，让学生发挥其所长。

1. 多元评价是一种需求

多元评价是对学生的一种需求评估。只有了解了学生的需求，才能更有利于学生的发展。因此，需求性的评价，在一开始就应该被加入评价的策略之中，这是学生学习的需求，也是学生学习项目内容制定和完善的根本需求。这样的评价并不仅仅是对学生现有能力的一种考核，更是对学生学习能力的综合评估，这样才能够抓住学生的不足，在课程中进行弥补。

2. 多元评价是一种指南

多元评价不仅仅意味着给学生一个成绩，更重要的是给学生学习的引导。在学生学习的过程中，学生应该通过自评、他评等多种手段，获得学习上的引导。比如，在学程的开始阶段，教师就可以将学习目标印发成浅显有趣的评价量规让学生了解，尝试评估自己在活动中可能需要发展的能力和学习的技能。同时，在活动的不断进行过程中，针对技术、合作、探索等影响学习的重要因素，教师制定相应的学习指南，让学生在自我的评估中不断了解自己在这些重要因素中，哪里实现了学习目标，哪里仍需改进。这样的指南通常不给最终的成绩，只是让学生不断反思，从而不断接近多元的学习目标。

3. 多元评价是一种启示

评价策略在学习过程中的使用往往是对学习细节的重视。教师将会在学生各个涉及的方面设定不同形式的评价，目的是让学生重视学习活动中的每一个环节，从而让整个项目学习变得更加有效。例如：教师将在安装安全防护软件

的项目学习中注重学生小组合作中问题的分享、问题的整理、问题的分析、问题的解决等一系列步骤的评估，让学生了解每个环节的重要意义，以便使学生能理解运用这个活动带来的新的收获和启示。

4. 多元评价是一种展望

理想化的思考对于学生而言，永远是没有终结性评价的。每个学习过程的结束，其实是下一个活动的起点。在学习活动进行的过程中，每个评价都将指向学生的学习过程。因此，无论采取哪种评价形式，它都是对学生现有学习目标实现程度的评测，同时也是对新的学习活动的展望。在一个学习任务即将告一段落的时候，就应该让学生根据详尽的评价量规对自己进行相关的评估，同时做出学习的展望。这样的评价让学生再一次在脑海里整理出已知、未知、想知和对自己整个学习活动的回顾。学生在案例中，除了将自己整个学习过程展现出来，更应该对自己的所学做出进一步探索的思考。

（二）信息安全保密素养教育的多元评价原则

一元化评价的弊端，越来越阻碍学生的多样化发展，亟须建立一种新的适应信息安全保密素养教育的多元评价体系，它强调从多方面、多渠道、多角度对评价主体进行综合性评价，以提高教与学的效果。信息安全保密素养多元评价的四个原则如下所示。

1. 评价内容的多元化

以信息安全保密素养多元培养目标为依据，不仅以学员掌握信息安全保密基本知识和技能为评价标准，而且要渗透人文精神，实现技术能力与人文素养的双重评价，实现情感方面的评价目标，也就是实现信息安全保密意识和道德方面的评价。

2. 评价标准的多元化

关注个体差异和个性的发展。评价要有一定的开放性和伸缩性，内容的呈现要有较大灵活性。既能调动起点水平较低的学生的积极性，也能给学有余力的学员提供进一步发展的空间，使所有学生都能得到充分的发展。

3. 评价主体的多元化

充分发挥学生的主体作用，学生的主人翁意识，采取学生个体的自我评价、学生间的相互评价、教师评价三者相结合的形式，以学生自我评价为主，鼓励学生说出自己作品设计的意图，以及对自己作品不满意的地方，找出解决方案。

4. 评价方法的多元化

变总结性评价为过程性评价。总结性评价，主要是对学生前一段时间的学习结果的评价，所能看到的只是一个时间点上的学生情况，而学生的发展是一个动态的变化的过程，需要的是过程性评价。具体做法：建立和完善学员信息安全保密知识的成长电子档案袋，记录学生的成长历程，关注学生的学习过程，加强对学生课堂提问、作业展示、实践活动、标志性成果等过程性资料的积累，改变将总结评价为主要评价手段的状况，将学习过程记录下来，形成电子档案。

第六章　信息安全领域技术人才培养理论与实践

以信息技术为主导的高新技术迅猛发展和广泛应用，引发了一场全球化的产业革命和全方位的社会变革，信息化已经成为衡量一个国家和地区现代化水平的重要标志。我国抓住世界信息技术革命和信息化带来的机遇，大力推进国民经济和社会信息化。但是信息技术人才的缺乏，却在一定程度上制约了信息技术产业的进一步发展。因此，必须加快培养具有中国特色的信息技术人才，建立一套适合我国经济和社会发展的信息技术人才培养模式。

第一节　后信息化时代信息技术人才综合素质的提升

我国的信息化建设是以信息技术的广泛应用为主导，信息资源为核心，信息网络为基础，信息产业为支柱，信息技术人才为依托的综合体系。而作为信息建设的重要因素之一的信息技术人才，是信息化建设的重要力量。

一、后信息化时代的变革与诉求

由于信息化所特有的广泛性，信息化与信息技术又互为依托，在信息技术高速变迁的今天，信息化未来发展即后信息化将面临更大的不确定性，未来的发展趋势和走向也很难准确预见。因此，了解后信息化时代的挑战，需要我们沿着信息化发展的基本轨迹，分别从信息技术、信息技术产业、信息技术导致的经济增长方式的转型，信息化所导致的制度转型等几个维度逐一分析。

（一）信息技术的研发与创新战略转向

1. 信息技术研发与创新战略的转向

经济学专家认为，发达国家和发展中国家在技术创新政策的选择和取舍上是有所不同的：发达国家主要是以资本和知识密集为特征的技术研发和创新活动，而发展中国家则主要以技术的引进和模仿为主。包括中国在内的发展中国家在实践中证明，大规模的技术引进和模仿毫无疑问是本国经济高速增长，特别是信息技术和信息技术产业快速发展的重要源泉。近几年来，在信息技术等高科技领域，通过引进和模仿为主的技术创新正逐步转向为技术的进口替代和技术上的自力更生。转向的原因可以归结为以下三个方面。

第一，由于工业化国家之间信息战争愈演愈烈，加之国家的战略利益和战略安全意识越来越强烈，尖端的技术封锁导致难以使发展中国家获取所需要的高端技术和产品。因此，依靠技术和产品的进口替代和自力更生是发展中国家必然的选择。第二，信息技术等高科技领域的进口替代和自力更生本身对于国内产业的升级、产品出口和结构升级以及国际竞争力的提高都有着巨大的促进作用，更与发展中国家的以转变经济增长方式为导向的长期战略是高度一致的；由于人力资本等物质资本以及创新能力的长期储备，许多发展中国家都已具备在高新科技领域同工业化国家竞争的能力。第三，虽然这种转向具有一定的合理性，但是，我们也应意识到可能存在的问题。不可否认，进口替代工业化战略从经济史的角度看是灾难性的，通过分析推行进口替代工业化战略的部分国家的经验和教训，我们不难看出，进口替代战略不可避免地与一系列扭曲政策交织在一起，这些政策不仅在很大程度上降低了资源配置效率，损害了经济长期增长，而且从某种程度上来说，还使得进口替代战略成就了以国内工业部门为核心的利益集团的利益。

2. 政策的扭曲直接导致了信息技术创新投入结构的扭曲

一是从投入来源看，由于政府财政投入的增长总是快于企业，造成在技术创新领域企业的作用发挥逊色于政府，从而导致效率的损失；二是从政府资金的投向看，应用研究领域的投入远远多于基础研究领域的投入。从经济学的角度看，由于基础研究领域主要以非竞争性的公共产品为主要对象，因此它应当主要由政府来资助，而由于竞争性强的应用研究领域往往与知识产权相联系，因而应主要由受益方投入。政府的投入除了严格的评估外，投入的规模也应严格限制。现实中，政策扭曲已严重影响到技术创新的投入产出效率。比如，如果我们按照国际论文数量和知识产权的数量来衡量创新与产出，那么中国技术创新的投入与产出效率是高效的，但如果用文献的原创性和具有重大应用价值的知识产权数量作为创新产出的评价指标，情况就非常糟糕了。据中国科学技术信息研究所关于中国科技论文的研究报告，中国被收入《科学论文索引》中的论文数就排在全球第5位，被收入《工程索引》中的论文数则已经排名为世界首位，而作为论文原创性最重要评价标准的平均每篇论文被引用次数还不到全球平均值的一半。在科技创新领域，成果的原创性和应用价值的重要性要大大超过单纯数量增长的重要性。人们现在习惯于把官产学研商一体化作为一种有效的技术创新途径，虽然这种一体化可以避免技术创新成果停留于论文等仅可供人参观的形式，有助于技术创新更好地面向产业化，促进经济增长，但是官产学研商中的各方因为受到共同利益的影响，利益各方都诉诸国家利益、公共利益和国家安全等崇高的目标，并通过游说政府、公众，谋求用于研发和创新的财政预算不断地向信息技术领域倾斜，为了“滚雪球”，大量的专款未能专用，而是用于“研发”别的活动了。

后信息化时代，是信息技术发生根本性变革的时代，它以技术创新，特别是自主创新为主流趋势，但我们也应清醒地认识到，有效避免技术创新政策可能带来的扭曲以及利益集团的游说活动是一个艰难的挑战。而解决这一问题的核心则在于技术创新政策的公正和激励机制的客观性。

（二）后信息化与经济增长方式的转变

经济增长方式的转变是经济活动应对包括资本在内的投入要素、经济政策、国际经济的外部环境等的变化而做出的反应。后信息化时代，我们将会面临一些诸如因为过度消耗产生的资源危机、因为主观破坏导致的环境恶化以及资本和劳动的投入成为经济增长的主要依赖和支撑等方面的问题，从而使经济增长方式的转变不可阻挡。而转变的核心是突出创新和技术进步的主导地位，由知识密集型替代资本密集型。由于这样的转变与信息通信技术革命空前发展的后信息化同步前行，所以两者相互促进，互为助力。

按照新古典增长理论，我们不难看出信息技术革命浪潮中，以通信设备制造为主要生产领域的信息技术生产部门，以及与之相关联的软件产业成为主导力量，由于他们活跃和密集的创新活动，促使生产率的超常增长，造成电子和通信设备以及软件等信息技术投资品价格下降和质量性能提升，从而刺激市场对信息技术投资品需求的快速增长，使得信息技术从研发和生产领域延伸至应用领域，并带动应用领域进行研发等改造重组，形成新的融合创新，实现生产率的提高。

但是，实践证明，我们目前仅有的可信经验事实仅来自信息技术生产部门，在信息技术资本深化等方面难以对后信息化在经济增长中的地位做一准确的定位。信息技术的延伸在不同领域也存在着不平衡性，这种不平衡主要取决于信息技术投资的密集程度。某种意义上说，要加快信息技术应用的延伸，最大限度地发挥信息技术的潜力，就必须加快产业结构特别是投资结构的调整，这是我们必须的选择。按照时滞理论的解释，信息技术资本对应用领域的影响是存在着时滞的，也就是说，在信息技术应用达到一定程度后，影响才会逐步显现出来，而不是一蹴而就。一方面信息技术只有通过不断地完善和创新，其潜力才能得到充分的挖掘；另一方面信息技术的应用需要一系列制度和其他因素的配合，这些因素的积累也需要过程。时滞效应告诉我们，理论与现实之间的确存在差距。

后信息化对经济增长方式转变的影响，并不像理论家描述的那样完美。信息技术的应用延伸存在着不平衡性，应用程度高低与投资结构有着紧密关系。信息技术的应用延伸必须以调整产业结构，特别是投资结构为保障；从信息技术对生产率的影响来看，我们需要预见和统筹因信息技术带动的产业升级以及由此受到影响的产出和生产率的冲击问题。

（三）后信息化与制度转型

应该说，制度转型对于最大限度地挖掘信息技术革命的潜能是不可缺少的重要保障。但是我们也知道，任何一项新的制度的产生和建立都有着复杂和艰巨的特性，举步维艰。比如，受到信息技术创新和应用延伸而造成利益重新分配影响的利益集团的不同反应。既得利益集团无疑会抵触不利于自己的制度变迁；当他们不得不面对时，也会想方设法地使利益获得最大化。因而，如何避免因制度转型被既得利益集团所控制，是我们所面临的最为严峻的挑战。由于人力资本发生变化造成收入分配的变化，给社会稳定带来一定困扰，如巨大商业利益阻碍了新技术的应用等。当然，按照人们的习惯性思维模式，总是喜欢“先入为主”，因此，新的制度的创立往往会受到原有制度的影响，加之几乎所有的制度转型都要面临高昂的转型成本，所以往往不能有本质的突破，即“换汤不换药”。

同时，我们也应认识到，信息技术的变换令我们目不暇接，很多情况无法预见，作为保障的制度转型往往滞后于信息技术创新活动，如果加上顿悟和试错的过程，那么时间可能还会更长。应对这些挑战，我们将面对许多艰巨的任务：首先，为了保障大多数利益，应建立以政府为主导，各利益相关群体广泛参与的制度制定体系。这样才能确保制度设计既能提高制度和政策设计的权威性，又能体现实施效果的认同。其次，如何切实保证制度的有效保障与信息、技术的发展是制度转型的核心所在，但现实中，往往会遇到很多困惑。比如，从法律体系看，信息化领域的法律条文长期处于空白状态，而由信息化引发的社会问题和矛盾越来越突出和复杂，面对加快完善立法进程的社会呼声越来越强烈，立法机构承担着前所未有的社会舆论压力；但同时，由于信息技术本身的发展具有极不稳定性和不确定性，为了维护法律的尊严，提高法律效力，立法机构往往处于两难处境。如何在社会压力与立法机构秉承的审慎原则之间保持平衡，是法律体系建设要接受的重大挑战。

需要指出的是，目前我们已逐步进入后信息化时代，诸如信息技术研发与创新、信息技术产业化发展、后信息化如何推动经济增长方式转变以及与后信息化有关的制度转型等都将面临各种严峻的问题和挑战，需要进一步指出的是，后信息化时代，我国也将迎来前所未有的机遇。首先，我国在全球经济整体复苏的队列中已经显现出了强劲势头，技术进步和创新将成为我国后信息化时代的主要特征；其次，信息技术依然是所有创新活动中最为活跃、影响最为广泛的一个领域，它将继续为信息技术产业发展和信息技术的应用和延伸提供巨大的动力；最后，从长远看，信息化巨大的潜力将会带动经济发展进入快速释放的增长期。信息技术创新能力的提高，必将使包括社会资本和人力资本在内的信息技术资本随之发生质的变化。

（四）对信息技术人才培养的新诉求

随着以通信技术、信息技术、计算机技术为代表的国家战略性新型产业——信息产业的快速推进，给后信息化时代的人才战略及其人才培养创造了机遇也带来了挑战，如何适应时代的潮流、培养新时代人才成为需要面对的紧迫问题。

以体现信息使用价值为主要特征的后信息化时代，对于信息价值的发现者和利用者——人才来说，提出了更高要求。在信息革命全球化的背景下，伴随着我国正在经历的经济与社会转型，从人口大国转变为人力资源强国和人才强国，社会对高等教育的人才培养提出了新的课题。大学面临着新的社会需求和自我挑战。

工业时代，教育以培养受教育者具备满足工业社会需求的基本技能为主要目标。知识时代的劳动领域要求低成本、高效益。对人才的需求也越来越综合化、高水平化。不仅要求从业者掌握各种技能的组合，也要求他们具有更高的知识水平以及专家型思考、复杂交流等更高的应用技能，对人才的判断和评价源于从业者是否同时具有综合技能、专业知识和创新能力等方面的素质。

二、国外信息技术人才培养分析

一个国家的IT人力资源储备和培养状况，决定着该国IT产业发展的水平和潜力。IT产业是知识密集型和技术密集型的产业，发展的核心驱动力是技术创新，发展的关键是从事IT技术创新的人才。无论是发达国家还是发展中国家，都十分重视培养和储备高素质信息技术人才，力求在原创性技术领域取得突破，跻身IT产业大国和强国之列。发展信息产业，离不开信息技术人才，而一支长期稳固的信息技术队伍不可能仅仅依靠外来人才。加大对本土人才的培养力度，增加本国信息技术专业人才的数量，留住本国人才，才是解决各国普遍缺乏信息技术人才这一现实问题的关键。为此，各国政府都纷纷采取了一系列措施，旨在加强对本国信息技术人才的培养。国外信息技术人才的培养模式对我国培养信息技术人才具有一定的参考价值。

（一）美国信息技术人才培养分析

美国在软件专业人才培养方面探索出了正规学院教育、公共学院教育、私立学院教育、商业机构认证相结合的发展模式。

1. 正规学院教育

正规院校，特别是工程技术专业院校仍然是美国信息技术专业人员的最主要来源。根据一项对1400家企业的调查，其中3/4的企业希望雇用拥有4年学位教育的工程师。因为经过4年的教育，他们拥有扎实的基础、一定的社会经验、流畅的读写能力，使得他们能够迅速胜任其他职位的需要。根据美国劳工统计局（BLS）对12种信息技术职位的研究，其中10项至少需要从业人员具有学士以上学位。在美国信息技术专业人员的学位构成中，40%拥有信息技术专业学位，57.6%拥有信息技术或工程类专业学位，87.5%拥有信息技术工程或自然科学、数学、社会科学专业学位；从不同职业岗位对从业人员学位的要求来看，计算机科学家、软件工程师、程序员三种职业对信息技术专业学位要求最高，分别达到59.3%、49%和46%；硬件工程师、软件工程师、计算机科学家三种职业对信息技术与工程类专业学位的要求最高，分别达到80%、76.1%和70%。为了满足社会对信息技术专业人才的巨大需求，美国信息技术正规院校的培养能力与规模都在迅速地扩大。在培养层次上，培养的专业人才主要包括信息技术专业学士、专业辅修、专业硕士等。

2. 公共学院教育

在美国，公共学院教育费用相对低廉，方式比较灵活，既可以提供全日制教育，又可以为成人提供某一技术领域的在职培训，因此比较普及。2000 年全美就有 912 所计算机与信息科学方面的公共学院。

一个美国本国的学生或成人，只要支付 2000 ～ 3000 美元，并学完全部 60 个学时的课程，就可以完成在公共学院的学业。公共学院的课程体系除了专业课程之外，还包括数学、自然科学以及其他信息技术相关课程，如写作、商业课程等。

公共学院提供两种培养模式：循环培训和定期培训。循环培训主要面向计算机科学与计算机信息系统管理两个专业。在计算机科学方面，定位于将一名普通程序员培养成为具有信息技术学士学位的人员；在计算机信息系统管理方面，定位于将一名普通程序员培养成为对商业或其他领域的计算机管理信息系统具有研究开发能力的人员。

定期培训主要面向希望通过学习能直接进入 IT 领域工作的人员，所以其课程体系是一个高度浓缩的体系，重点不是基础理论，而是实际应用能力。课程内容主要包括程序开发、计算机网络、数据库管理、技术支持等。这种形式培养出来的学生可能只适合某一种或几种岗位的要求。

公共学院与 IT 公司的关系一般都十分密切，有的学院与公司合作成立顾问咨询部，共同设置课程体系，甚至直接聘请 IT 公司的技术人员讲授部分课程，保证将最新的前沿技术、商业和软件技能迅速传授给学生。同时，特别注重增加工作实践的机会，从而使一个没有工作经验的年轻人在学习过程中获得大量的实践方面的培训。一些大公司开始对从公共学院培养的学生不感兴趣，但往往很快就会被学生实际的工作成绩所改变。

3. 私立学院教育

私立学院提供了一个非常灵活、范围广阔的信息技术人才培养渠道。私立学院在课程设置上完全以市场需求为导向，学习的方式也十分灵活，学生可以在多个校园，在任何时间，通过多种形式参加学习。德锐大学（DeVry University）、克鲁布学院（the Chubb Institute）、斯特雷耶大学（Strayer University）、ITT 技术学院（ITT Technical Institute）等都是非常著名的私立学院。

以德锐大学为例，作为一个以应用技术和商业管理为主的教育机构，其在全国有 22 个校园，6 个中心，每年培养各层次学生 55000 人，是被美国中北部教育联盟和美国教育部认可的私立学院。

德锐大学能够提供从两年肄业、学士、硕士到博士的多层次的教育。在两年制的肄业教育中提供两个信息技术专业：网络系统管理、电子与计算机技术。网络系统管理需要完成 80 学时的课程，学费 23 000 美元；电子与计算机技术则需要完成 86 学时的课程，学费为 26 000 美元。

在学士学位教育中包括信息技术、计算机工程技术、计算机信息系统、商业管理四个专业，其课程浓缩了电子商务、运营管理、项目管理等多门课程。学生大约需要 3 年时间完成学业，共 8 ～ 9 个学期，每年 3 个学期。其中商业管理专业 8 个学期，128 学时，学费 38 000 ～ 42 000 美元；计算机工程技术、计算机信息系统专业 9 个学期，分别为 154 学时、139 学时，学费分别为 42 000 美元、47 000 美元；信息技术专业的学费为 19 000 美元。

在硕士学位教育中，包括商业管理和信息系统管理两个专业，商业管理专业需要完成 16 门专业课程，以及其他电子商务、信息系统、项目管理等课程，学费为 19 000 ～ 24 000 美元；信息系统管理专业需要完成 15 门课程，包括 5 门管理基础课程，4 门信息系统应用课程，2 门信息系统工具课程，3 门项目管理课程，1 门综合课，学费为 19 000 ～ 23 000 美元。

在博士学位教育层次中，包括电子商务管理（8 门）、信息系统管理（7 门）、项目管理（6 门）3 个专业，每个学习单元的费用在 1185 ～ 1515 美元之间。

4. 信息技术认证

目前，全世界共有大约 300 种信息技术认证，涉及的技术领域包括网络管理、数据库开发与管理、IT 技术支持、操作系统、信息安全、程序开发等。它们共同的特点是完全以厂商提供的产品为核心，围绕特定技术，提供一套相对独立的课程体系，而不包括过多的基础课程。

信息技术认证主要有两种形式：第一种是与厂商的技术、产品密切相关的认证。这种形式最普遍，如 Microsoft、Oracle、Cisco、Novell、IBM、SUN 认证等。它们侧重于培训学员具备基于某种特定技术或产品的应用能力和水平。第二种是完全中立的认证，主要由行业协会性组织提供，最著名的是由美国计算机行业协会提供的 A+ 认证。在这种形式的认证中，程序员与软件开发最为普遍，其次是网络系统管理、技术支持、网站开发与管理。

目前世界上 3 家著名公司在认证培训上发挥了重要的作用。它们是普尔文公司、全球猫公司和 VLJE 测试服务公司。普尔文公司在 136 个国家设有 4800 个考试中心，而 VLJE 测试服务公司则在 120 个国家设有 3000 个考试中心。

在美国发布的职位空缺与招聘广告中，大约有 1/7 需要商业认证证书，有 68% 的网络工程师认为认证对他们的工作非常重要，为他们提供了符合市场需求的知识和获取最新技术的途径，使他们能够与产业发展同步，同时可以更好地熟悉厂商的产品。

（二）英国信息技术人才培养分析

知识经济时代的核心技术是信息技术，为了适应知识经济发展的需要，英国政府于2000年提出了建设“电子英国”的雄心勃勃的目标。为了实现这一战略目标，英国政府采取多项重要措施，加强面向全体公民的IT教育和培训，使尽可能多的人能够利用计算机和因特网等先进的信息通信技术。

1. 信息技术基础教育

信息技术基础教育是英国信息技术人力资源发展的前提和基础。英国是世界上开展信息技术基础教育较早的国家之一，早在20世纪60年代初，英国就开始在中学开设计算机课程，20世纪80年代末，信息技术开始进入英国中小学课程。

英国政府加大信息技术基础教育的做法主要有：确立信息技术在基础教育中的地位；明确信息技术课程的设置和要求；加强信息基础设施建设；增加对中小学信息技术教育的拨款。

2. 信息技术技能培训

英国各类学校已经将信息技术大量引进课堂，课堂信息技术教学取得成功的一个决定性因素是教师利用信息技术的能力和水平，因此，对教师提供信息技术技能培训的问题变得日益突出。

自1999年，英国政府开始通过“新机会基金（NOF）计划（1999～2003）”对教师进行大规模的信息技术培训，约34万名教师（占教师总数的83%）参与了这项培训计划。同时，英国还在国家学习网上建立虚拟教师中心网站（VTC），发展网络教学资源和教学评估系统。

3. 信息技术人才培训

英国贸易工业部的一项调查显示，英国信息技术人才的短缺已达到顶点。因此，英国政府积极推动各种面向就业的信息技术人才培训。英国政府采取的措施主要包括：扩大信息技术培训覆盖范围；鼓励企业开展对员工的信息技术技能培训；建立各种培训机构等。

三、国外信息技术人才的培养对我国的启示

进入21世纪，世界经济以信息技术为中心发展迅速，IT产业不仅为世界

经济的增长做出了重要贡献，而且对传统产业生产力的提高以及创造高附加值产品等方面也起到了主导作用，IT 产品的生产和 IT 技术的利用已经成为衡量一个国家竞争力的决定性因素。IT 产业的发展离不开信息技术人才的培养，随着知识经济时代的发展和 IT 产业的快速增长，培养具有创新精神和技术能力的优秀信息技术人才已成为提高国家竞争力的关键。信息人才的紧缺，已成为制约众多 IT 公司发展的一个瓶颈。把信息技术人才资源的发展置于最优先的战略地位，以人才的优势赢得未来 IT 产业发展的制高点已成为共识，积极培养信息技术人才迫在眉睫。今后几年，信息产业对我国经济的推动作用将逐渐加大，未来我国将需要数量众多、结构合理的信息技术人才。信息技术人才的培养需要政府职能机构、高职院校和社会培训机构的共同努力。另外，我国信息技术人才的培养不仅需要借鉴其他国家信息技术人才培养的成功经验，同时也要考虑国家间的差异，兼顾我国国情，探索一条适应我国实际的信息技术人才培养模式。

（一）构建复合型、应用型、基础型的“三位一体”培养模式

1. 构建“三位一体”培养模式的原则

培养大批创造型、复合型信息技术人才，为国民经济信息化服务就成为我国信息技术人才培养必须承担的重大使命之一。为推进信息技术人才培养模式创新，在进行信息技术人才培养模式构建过程时，主要遵循如下的原则。

一要以产业结构为依据，实施分层次的培养方向。信息技术人才的培养不仅要注重 IT 产业对信息技术人才的数量需求，更要重视信息技术人才的合理结构。根据目前 IT 产业的发展现状及未来的发展趋势，信息技术人才可分为三类：第一类是创造型人才，即高级信息技术人才；第二类是应用型、实用型的信息技术专业人才；第三类是基础性的信息技术人才。任何产业都有不同层次的职位，需要通过不同的培养方式来满足产业发展的要求。不同职位的人才需要不同的培养机构和培养方式，不同类型的学校需要承担不同层次信息技术人才的培养任务。合理的分工与合作会使得信息技术人才培养层次分明，能更好地适应市场的需要。

二要以社会需求为导向，建立全方位的培养体系。培养国家和市场需求的大量信息技术人才，不能只靠普通高校来培养。信息技术人才的培养需要整个社会资源的支撑：政府提供必要的政策和财政保障；各类高校提供强大的教育资源；培训机构能够引入产业机制，加强高校与 IT 行业的联系。建立包含政

府部门、院校和培训机构的全方位的培养体系，能够扩大培养规模，调整信息技术人才结构，加速信息技术人才的培养。

2.“三位一体”培养模式的内容

任何产业都有不同层次的劳动职位，IT 行业也是如此。不同职位的人才需要不同的培养机构和培养方式。

（1）复合型信息技术人才培养

目前，高校毕业生中的信息技术人才还很缺乏，尤其是高素质的信息技术人才极度短缺，已经成为制约我国 IT 产业快速发展的一个瓶颈。尽快培养适合信息产业所需要的高素质复合型信息技术人才，已经成为信息化工作中的重中之重。

针对 IT 行业高端人才和复合型人才缺乏的现状，政府应加大信息技术专业硕士生和博士生的培养规模，为获得信息技术学科博士学位的高级人才提供丰厚的研究费用，以保证本国有数量充足的高级研发人才。应充分利用高校现有的教育资源，扩大相关专业硕士、博士招生数量，开展校企联合、扩大办学规模，满足行业对高层次人才的需求。同时，在高等学校非相关专业广泛开设计算机科学与技术、软件技术等课程，通过学科间的交叉和融合，为行业培养复合型人才。

（2）应用型信息技术人才培养

IT 业作为高科技产业，在发展的早期阶段，由于技术原因，只是少数精英才能从事的领域，那时只需要较少数“专家型”人才。但任何一门技术要实现产业化，就必须实现技术本身的“平民化”和“工程化”。随着 IT 产业社会分工的日益细化，从事 IT 产业不再是少数“精英”的特权，所做的工作也不再是一种个性化的创造，而是按照一定的规范组合的多数人协同作业。软件生产的“工厂化”，对软件生产人才的需求，已经向系统化、多层次转换，形成软件系统设计管理人员、系统工程师、编程人员的分层格局。因此，信息技术人才的培养应尽快打开蓝领人才的培养局面。高等职业技术教育是培养信息技术蓝领人才的主要力量，应得到社会各方面的关注。

（3）基础型信息技术人才培养

在初级人才方面，IT 企业需求量最大的就是程序员和技术工人。程序员从事着基础性工作，而且像项目分析师、程序设计师、应用人员等也大都是从程序员做起的，对于这类人才培养不能只依靠扩大高校计算机系的招生来解决，还要通过专门的培训机构加大对这方面人才的培养。

（二）强化信息技术人才培养职能

1. 强化政府主导职能

国家政策在一定程度上左右了信息技术人才的培养方向，政府应在信息技术人才培养上起到主导作用。

（1）制定政策

为了建立 IT 产业持续发展的人才供应基础和动力机制，政府应制定覆盖全局的信息技术人才培养规划，信息技术人才的培养政策要从基础教育入手，加大在小学、中学教育内容中信息技术知识比重。通过 IT 教育，努力培养青少年的创新精神，发掘他们的逻辑思维能力，加强他们对 IT 行业的认识，使更多的青少年以 IT 作为自己的专业和职业选择。同时注重提供良好 IT 教育基础设施，强化全民的 IT 意识。

IT 教学质量的决定性因素是教师认知 IT 的能力和水平，政府应重视对教师提供 IT 技能培训。例如，法国政府在教师培训学院设置师资培训站，招聘计算机专业的青年博士，为每年进入中小学校的新教师普及计算机知识，并大量培养教学辅助人员，使他们学会计算机操作与维修保养。英国政府从 1999 年开始，在四年内完成了对 34 万中小学教师进行 IT 培训的工作，培训内容侧重于符合教学需要的应用技能和方法。他们的经验值得借鉴。

制定新政策的同时，还应改革现存的不合理的信息技术人才培养体制。信息技术日新月异，信息技术人才培养体制必须紧跟技术发展的步伐。高教系统中与计算机和 IT 有关的所有课程和学科设置的内容必须符合时代要求，反映计算机科学及应用两方面发展的特点、趋势和动向。此外还应要求各地高校统一教学大纲，认真选择翻译和推广国外重点大学 IT 专业的教程以及方法论教科书，开设符合 IT 产业需要的新专业（如程序设计和 IT 控制专业等）。

（2）加强指导的方法

①加强 IT 人才培养的专业化和规范化。针对 IT 产业人才需求的特殊性，在 IT 人才的培养上应强调专业化和规范化的标准，注重人才的专业水平和职业素养，避免那种面面俱到而又缺少针对性的培养方式，同时也不能完全采取专业培训式的实用主义做法。在人才培养上，一方面要处理好理论基础与专业技能之间的关系，另一方面也要注重人才的能力培养，如协作能力、组织能力等，使人才能够真正地在适合的岗位上发挥作用。

②加强对 IT 培训市场的引导和规范，限制 IT 培训的无序化发展。通过优化行业教育培训资源和社会教育培训资源，大力开展相关的职业资格培训和考

试认证工作，逐步建立全国性的规范的信息技术教育培训体系。另外，进一步加强国际合作交流，使培训和考试体系与国际标准接轨，为培养国际化的高级信息技术人才提供有利的条件。

（3）提供服务的方式

①扩大基础设施建设和提高未来公民的IT教育素质。扩大基础设施建设和提高未来公民的IT教育素质是加快IT人才培养的关键。例如，为了保证城市内中低收入人员和农村居民能够享受到因特网提供的各种服务和缩小贫富数字鸿沟，政府应通过构建全国范围的教育网络，使处于边远地区的学生有机会接受与城里学生一样的教育，使学生广泛掌握计算机技术和网络应用技术。

②加大投资、改善待遇和创造良好的环境，以留住和召回IT专业人才。近年来，发展中国家信息技术人才流失的直接原因就是科研经费紧张和待遇低下。为了抵御西方发达国家的人才争夺以留住和召回人才，政府必须加大投资、提高信息技术人才的工资待遇并实施多种奖学金制度等。

③开展国际科技合作，吸纳和利用国外IT专业人才。充分利用国外信息技术人才是一种既省时又省力、能够有效弥补国内人才不足的好方法。具体措施有四项：一是积极同国外重点大学建立教师互访关系，支持高校教师参加国际会议和国际教育与标准化问题委员会的工作，支持大学生互访以及在国外进修等；二是吸引国外大型企业，开展各种形式的信息技术人才国际合作，利用他国的信息技术人才资源；三是同外国签订研发合同，从而既筹措到了充足资金，又使科研工作运转良好，并为科技人员的生活提供可靠保障；四是努力改善投资环境，健全法制，吸引外国中小型企业的投资。

2. 优化学校主体职能

（1）以社会需求为导向的方法

①信息技术人才培养必须以社会需求为导向，广泛面向社会，面向市场，采取多层次、多角度办学。不仅要分别开设中专、大专及至更高层次的学历教育，而且在学历教育的过程中提倡一张文凭、多张证书的教育形式，使学生在获取毕业文凭的同时，还可以拿到多种厂商认证，使学生学到多方面的就业本领，达到学习与就业相结合。职业技术教育应尊重市场经济规律和职业技术教育的特点，根据厂商、行业或产业岗位群对人才规格、能力、素质等方面的要求，设定专业培养方向，能力素质标准，教育内容、教育模式、教学手段，提供优质的教育、培训、服务，最大限度地满足社会经济发展对人力资源开发的需求。

②办学主体社会化、多元化、国际化。当前，企业总是一味地抱怨院校培

养的人才经验不足、前沿知识缺乏。事实上，对信息技术人才的培养已不仅仅是院校的义务，行业（企业）依靠教育，教育依托行业（企业），才能实现两者的互惠互利，共同建设社会、企业和院校全方位信息技术人才培养系统。同时，政府应扩大学校办学自主权，为学校创造面向市场、自主办学的灵活空间：建立健全法律法规体系，加大依法治教力度，优化教育资源结构，实现办学主体社会化、多元化。对于信息技术人才培养来说，要把它作为一种“产业”来经营，提高办学经费投资效益，以求在人力资源开发、提升劳动力素质和资源输出等方面获得“最大回报”；改变规模小、效益低、资源分散、竞争力弱的局面，通过结构布局调整和资源重组，盘活现有教育资产，打造一批职业技术教育的精品品牌，进行规模化、集团化经营。

③引入产业机制。培养国家和市场需求的大量信息技术人才，不能只靠普通高校来培养。应该导入产业机制，制定政策，鼓励有条件的企业单独或者与高校合作兴办一批产业化的信息技术人才培训机构。这些产业化信息技术人才培训机构以专门培养符合市场要求的信息技术人才为目标，从而扩大培养规模，加快信息技术人才的培养。IT 产业的快速发展，客观上要求 IT 教育和 IT 培训要适应 IT 产业发展的要求。为此，我们要加强高等院校对信息技术人才学历教育的培养，同时也要加强对信息技术人才的非学历培训，多渠道地为 IT 产业培养专业化的人才，为 IT 产业提供充足的后备力量。

（2）加强教学模式改革的方法

①采用的多样化教学手段。传统的课堂讲授式的教学手段已不能满足 IT 行业对人才培养的要求，教学手段应向多样化方向发展。先进的考试、测试平台、案例教学、网络化教学、多媒体教学等方式的大量应用，使学生接受知识的方式日趋多样化。同时企业可以和学校合作，在校园内建立实验室，把企业项目带进校园，鼓励教师、学生积极参与，使社会实践和课堂教学直接融合，真正做到“产学结合”。

②调整学科设置。针对目前我国各级教育机构在学科设置上还不能适应 IT 产业发展需要的状况，我国应结合产业发展的现实需要和趋势，进行适当调整，比如适当增加信息技术、信息经济等相关院系和专业等。鼓励科研机构、企业和民间机构等积极参与建立信息技术专业人才培养基地，充分调动其积极性，允许采用新的机制和模式，多渠道培育适合 IT 产业发展急需的人才。产业管理部门和企业也应通过培训班、专题讲座等多种形式加强员工的在职培训，以提高其业务素质。

第二节　后信息化时代信息技术人才的个性化发展

信息通信技术（ICT）领域是21世纪最具发展前景、竞争最激烈的行业之一。为了培养出优秀的ICT专业人才、适应国家的发展需要，就必须不断探索新的人才培养模式和教育教学方法，通过教学改革促进教学发展，探索人才培养新模式的教学改革产物，在教学理念、管理机制、专业建设、课程设置等方面进行改革和创新，形成信息学科人才培养独有的特色。

一、人才的个性化发展的理论依据与基本属性

人才培养模式的选取归根到底就是解决“把教育对象培养成为什么样的人”，也就是教育目标和教育价值问题，是教育作为一种客体对人的意义，是“作为客体的教育现象的属性与作为社会实践主体的人的需要之间的一种特定的关系”，是将教育作为社会系统中的一种客体，是实现满足以自我为主体的个性化能力培养与社会发展的需求之间平衡的一种载体。

人才培养过程中的个性能力培养，以受教育者的需求为出发点，承认个体之间存在的差异。个性化能力的培养强调尊重人和人的个性，强调因材施教，因此，尊重自我是个性化能力培养的核心要素。在培养过程中，无论是尊重受教育者个体特征，还是为受教育者创造有利于受教育者个性化成长成才的教育环境，这些主、客观因素都直接影响着个体的释放与完善。

在传统的教学过程中，影响受教育者的思想产生和观点建立的思维方式往往受制于教育者的主观引导。在应试教育体制下，在“填鸭式”的班级授课制形式下，教师与受教育者单向的“交流”在很大程度上抑制了受教育者思维的独立发展，对受教育者一味地强调和培养应试能力、机械性记忆能力，削弱了受教育者思维的主动性、积极性，而激发兴趣的创造性更加无从谈起，严重地影响了教学效果，也违背了高校人才培养的宗旨和要求。

著名教育家陶行知说：“培养教育人和种花木一样，首先要认识花木的特点，区别不同情况给以施肥、浇水和培育；人像树木一样，要使他们尽量长上去，不能勉强都长得一样高，应当是立脚点上求平等，于出头处谋自由。”在教学活动中，我们常可以见到有些受教育者遇到问题缺乏独立思维的习惯和努力钻研解决问题的毅力，这就是长期以来受教育者缺乏主动性造成的结果。作为教师，要对这类存在不良习惯和现象的受教育者制订符合他们心理特点、满足他们心理需求的教学内容，充分发挥受教育者的主体作用，在教学环节中巧妙设

计并利用情境。教师尽可能引导受教育者投入探究性验证结果和寻找规律的过程中，通过与同伴的会话交流、协作探讨，启发和带动受教育者积极地思考和主动参与学习的全过程，训练独立思维的个性意志品质。

受教育者既是教师教育的对象，又是学校教育的主体。每个受教育者的智力强弱、智商高低各不一样，他们的思维方式也各不相同。因此，教师要充分尊重受教育者的积极因素，使每个受教育者的思维存在着强烈的个性化色彩。有的受教育者思维敏捷而善于求异，喜欢主动质疑；有的受教育者思维沉稳而追求周密，善于审慎度势。要用兴趣来唤醒受教育者求知的渴望和学习的热情，让受教育者在探索知识的过程中实现思维方式个性化的发展。孔子的“因材施教”就是说要针对受教育者的个性采取不同的教育方法，是受教育者个性化培养过程中尊重自我的具体体现。

二、人才的个性化发展方法

作为掌握知识和获得经验的主要渠道，教育哲学赋予了“教学”两种不同的意义，即有意图的和成功的。前者与后者没有必然的存在联系，后者的存在必然会隐含着前者的存在。作为教学过程的主要内容——“知识”，之所以被认定为知识，应该是可以提供理由或证据证明这个命题是真实的“存在”。信息类高校实验课程改革方案的核心宗旨就是使受教育者获得这种“存在”。

（一）“意义建构”要素下信息学科的专业教学目标与特点

“意义建构”是整个学习过程的目标。所要建构的意义是指事物的性质、规律以及事物之间的内在联系。在学习过程中帮助受教育者建构意义，就是要帮助受教育者对当前学习内容所反映的事物的性质、规律以及事物之间的内在联系达到较深刻的理解。理解的知识要以“图式”的形式在大脑中长期存储，成为受教育者内化的认知结构。由此我们可得出结论：获得知识的多少取决于受教育者根据自身经验去建构有关知识的意义的能力，而不是来源于受教育者对于知识的记忆能力和背诵教师讲授内容的能力。建构主义非常清醒地认识到在教学活动中教师和受教育者的定位和分工，一方面，强调受教育者的认知主体作用，提出受教育者是信息加工的主体、意义的主动建构者，受教育者作为意义的主动建构者，应该善于探索和发现建构知识的意义、主动搜集并分析有关的信息和资料，善于对所学习的问题提出各种假设并努力利用自己的经验加以验证、形成新的意义建构；另一方面，不再把教师定性为知识的传授者与灌输者，认为教师在意义建构过程中主要起到的是帮助和促进作用，在教学过程中要引导受教育者形成正确的学习动机、激发受教育者的学习兴趣，通过创设符合教学内容要求的情境和启发提示新旧知识之间联系的线索，帮助受教育者建构当前所学知识的意义。

后信息化时代信息学科的教学特点是既要面向国家科学技术的前沿领域，也必须面向关系国计民生的信息技术应用领域。最近发展区是计划教学所必需的分析工具，成功的教学必须创造一系列内部发展过程的最近发展区。教学目标的制定是实现成功教学过程的前提和必须条件。后信息化时代就是要把信息学科的大学生培养成为国内一流、特色鲜明、开拓创新、符合后信息化时代的人才特征、信息、通信技术（ICT）领域以及整个信息产业急需和紧缺的高层次人才。

（二）“会话”要素下的多层次、自适应动态管理，创新实践教学模式

学习认知过程中，小组成员之间必须通过会话交流商讨如何完成规定的学习任务的计划，是“做中学”的具体体现，展示了学习者之间的内在素质和已有知识能力，同时也反映出学习者的差异水平，每个学习者的思维成果和智慧结晶都成为整个学习群体所共享的资源。协作学习过程主要通过会话来完成和实现，也是达到意义建构的重要手段之一。

以后信息化社会对信息技术人才的要求为根本，按照对信息技术人才“综合素质高、发展潜力大、创新能力强”的培养目标，遵循“宽口径、厚基础、倡个性、育创新、强能力、重实践”的创新实践教育理念，遵循“课程与实验结合，课内与课外结合，校内与校外结合，理论与实践结合，知识与创新结合，教学与研究结合，能力与素质结合，目标与需求结合”的创新型人才培养模式，将实验和动手能力、研究和实践能力、创新和发展能力的培养作为一名合格的信息技术人才应该具备的基本素质要求。

根据创新实践教学模式的要求，信息学科人才培养的教学方案需要进行结构性调整和内容的优化，应该始终以强调“受教育者的主体性”为出发点，注重加强受教育者在学习过程中的交流和合作：包括需要规范实习和实训的教学过程，更新创新教学内容，优化实践教学方案，实现适应经济与社会发展需要、符合人才培养目标、贯穿受教育者创新培养全过程、教学要求明确、层次分明、科学合理的创新实践教学体系；增加综合性、创新性实践教学的内容及其比重，健全实践教学平台开放制度，切实提高创新实践教学质量；鼓励受教育者积极参与科学研究、学科竞赛和创新活动。

（三）“情境”要素下的创新教学平台设计与实施方案

信息产业已经成为国家的支柱产业，国家社会经济的发展要靠信息产业的不断发展壮大，需要紧紧抓住历史发展机遇，全面做好科研平台和实践教育基地，为信息学科的高素质人才培养、为国家的经济发展和建设发挥更大的作用。

在建构主义学习环境下，教学设计不仅要考虑教学目标分析，还要考虑有利于受教育者建构意义的情境的创设问题，并把情境创设看作是教学设计的最重要内容之一。符合受教育者意义建构目标的情景设置，可以使我们的教学活动达到事半功倍的效果。

教育是培养人的认知过程，其目的在于创造最近发展区，并使最近发展区转化为现有水平。因此，教学活动应该先于发展水平。传统的工程类教学活动往往偏重传授知识，片面强调机械记忆和假想训练，很大程度地限制和阻碍了受教育者学习的主动性和创造性。创新教学平台的建设目标有以下几方面。

1. 建立大学生创新中心

创新中心根据以能力培养为核心的教学理念和“八个结合”创新人才培养模式，依托多维开放的创新性实验教学综合平台，进一步完善“基础、综合、研究、实践 + 创新”的“4+1”多层次自适应动态管理创新教学体系。要以受教育者为主体，以教师为主导，使教师和受教育者能够通过科学完备的创新性实验教学平台把人才培养目标与社会对人才的不同需求有机地结合在一起。

2. 建立大学生工程训练中心

通信信息学科发展日新月异，它涵盖了信息的获取、传递、处理及应用，为适应科技发展和市场需求，通信信息学科专业大学生工程实践能力和创新设计能力的培养是非常重要的。实践能力始终是衡量人才素质的一个重要的、必不可少的标准。培养出具有创新精神和实践能力的大学生关键在于要结合好专业教育，在专业理论课的课堂教学、专业实验及实践、课外科技活动中实施创新教育和建立可操作的运行机制，建立本专业的实践能力标准，学校应该成立工程训练中心，中心内部应根据相近专业和学科建设设立两个不同方向的训练基地：通信技术专业综合实验平台和信息处理技术专业综合实验平台。作为受教育者专业实践能力考核前的训练平台，每年训练基地制订相关的培训计划及内容，并且要资源共享，努力做到对全校受教育者开放。受教育者通过培训后参加中心组织的相应专业实践能力考核，考核通过后获得相应的必修学分和对口的专业实践能力考核合格证书。加强专业培养计划中实践性环节课程和毕业设计环节的教学管理，进行教学改革和质量监控，使受教育者通过实践环节的锻炼和学习，能力得到真正的提升，过程中注重质量和效果。

3. 建立大学生科技成果转化中心

为了加强校园科技创新文化培育，扶持高年级在校学生及应届毕业大学生科技创业，学校应通过大学生科技创新创业实践活动，推动高校专利的创造、管理、转化，培养大学生创新精神及科技创业技能，为有志创业的大学生提供良好的创业条件与环境，学校应该成立大学生科技成果转化中心，设立科技创新基金，扶持受教育者的创新项目，并设定奖励基金，奖励获奖的优秀受教育者。

在课程实验的基础上，探索能够有效培育创新型人才的“肥沃土壤区”，并能使更多的人才脱颖而出，通过完成周期较长的实践性环节的课程设计、软件设计，独立设课的实验课程、生产实习、专业集训、毕业设计等环节实践教学，激发大学生的科技创新思维与方法。在对大学生的基础训练、综合培训的基础上，还可以为各类全国性学科竞赛和高校的科研团队发现并输送优秀的科研创新型人才。

利用专业实践和创新基地的大学生科技成果孵化创业中心，把受教育者在专业实践和科技创新中的成果进行有意识地孵化培育，可以激发受教育者的创业精神，让受教育者感受到所学的知识、专业实验实践能力将是今后服务社会、创造财富的源泉，增强受教育者自觉学习的主动性。通过创业培养受教育者的团队合作精神。此外，让受教育者自主创业，可以缓解大学生就业的压力。

（四）“协作”要素下的课程体系设计与教学方案优化

协作发生在学习过程的始终，是学习者社会交往能力在学校的具体体现。它对学习资料的搜集与分析、假设的提出与验证、学习成果的评价直至意义的最终建构均有重要作用。

根据培养基础扎实、知识面宽、实践能力强的高素质专门人才的目标要求，大力加强创新实践教学，突出创新实践能力培养。依据信息类专业对创新实践教学的要求，不断优化实践教学方案，完善创新实践教学模式，逐步形成“多层次、立体化、开放式”的创新实践教学的课程体系。

“多层次”是将教学课程分为三个层次：基础层、综合层、研究与创新层，从低到高前后衔接，循序渐进，保证受教育者实践效果；“立体化”是校内实践与校外实践结合，课内实践教学内容与课外创新实践活动结合，通过课内教学环节的教学引导受教育者尽早参与科学研究，通过课外创新活动锻炼受教育者科研能力，实现教学、科研互动；“开放式”是指创新实践教学通过课题开放、条件开放、时间开放、自选导师等形式，为受教育者的创新实践教学提供完善的服务。

三、人才的个性化能力培养实践

（一）坚持专业实践教学

专业实践和创新培养工作作为提高大学生实践和创新能力的重要内容，是高校专业实践和创新基地在教育教学改革进程中对大学生课外综合教育体系的有效方式，是实践性教育环节全新形式的一种探索，实践教育活动将高校教学计划中的认识实习、生产实习与大学生思想政治教育、综合素质教育、实践能力锻炼、创新能力培养、以“奉献社会，增长才干”为主旨的大学生暑期社会实践活动、社会教育以及就业与发展教育融为一体；考虑到教学成本因素，学校可以与当地相关企业建立校外大学生实践教育基地，组织大学生在校期间走出课堂，走进企业，走向社会，掌握我国通信企业的最新技术和发展状况，了解行业发展的前沿信息，为新阶段理论学习明确方向，了解课堂知识学习与企业各个实际工作岗位之间的关系，学习社会文化与企业精神，了解社会与企业的用人需求和对人才的要求，在实际工作中锻炼自己，成为社会所需要的优质人才。

（二）建立创新实践综合平台

1. 提供专业实践综合平台

后信息化时代信息技术人才“创新实践能力培养模式”的方法之一就是坚持“动脑与动手结合，课程与实验结合”，并且为大学生的过程培养提供专业实践综合平台，为大学生实践教学增加开放性、综合性、自主性和创新性实验的组数和内容提供了可能。专业实践综合平台还可以设计和完成更多、更切合当前水平的通信技术专业综合实验、信号处理专业综合实验，引导受教育者课外到实验室进行各类实验，有利于创新性人才的培育。通过多维实验教学平台的立体化综合功能，使受教育者能够掌握以通信技术、通信设备、通信系统、通信网络为主线的具有通信全程全网完整概念的实验教学内容，和以信号采集与分析、信号处理、信号传送为主线具有通信信号处理完整流程概念的实验教学内容。

2. 提高高校实验教学水平

在现有的通信类实验中，限于条件和经费，不少实验软件仿真多，实验组数少，受教育者动手机会少，对通信工程中有关硬件、数字信号处理等系统的了解较为欠缺，我们应该构建一个具有一定规模并且技术先进的通信工程方面的硬件实验综合平台，弥补不足和欠缺，使受教育者得到更多的硬件动手能力方面的训练，同时还可以在很大程度上克服当前高校毕业设计环节中课题纯软件和仿真的比例太高、缺乏工程训练的缺陷。平台的建设还将大大改善生产实习和课程实习的条件，使受教育者能够接触到实际通信系统方面的元件、器件、设备、仪器和系统，对自己所学专业获得深刻的理解。

3. 提供科技成果转化平台

在加强校园科技创新文化建设的同时，我们应该积极扶持在校大学生及应届毕业大学生科技创业，通过大学生科技创新创业实践活动，推动高校专利的创造、管理、转化，培养大学生创新精神及科技创业技能，为有志创业的大学生提供良好的创业条件与环境。

科技成果转化平台建设具有良好的示范性作用，将大大提升大学生综合实践和创新能力的水平，不仅对于实践性教学环节具有重要的保障作用，而且随着社会对信息技术人才需求的逐步增加，也可为学校其他相关专业提供实践教学条件；同时，由于大学城环境的逐步形成和完善，也可为周围的有通信方面实验需求的高校提供方便的实验条件。这样，平台的建设可以充分发挥其示范作用，为服务区域经济和行业发展提供支撑。

4. 培养卓越工程技术人才

高校应该充分利用创新实践综合平台，积极开展卓越工程技术人才的培养工作。“卓越工程师培养计划”是教育部为主动服务国家“走新型工业化道路”和“走出去战略”的国家目标，培养、造就一批创新能力强，适应经济、社会发展需要的各类工程技术人才而制定的，把对受教育者能力的培养提高到很高的高度，目前已列入中国高等教育中长期发展规划。高校应该有效吸收国内外的先进经验，为切实推进“卓越工程师培养计划”打下坚实的基础，同时应不断深化工程教育改革，打造高层次人才培养重要基地，树立学校的品牌形象，对进一步提升学校的整体教学质量和教学水平有着积极的推动作用。

5. 个性化培养的成功案例——爱科工作室

爱科（ECHO）工作室是南京邮电大学在受教育者个性化培养过程中的一

个成功案例。它是由一群志同道合的科学爱好者自发组织的受教育者社团。自成立以来，在大学生科技创新中心的指导下，充分利用大学生科协这一有利平台，通过层次化的培训和专业分组合作的方式来重点培训有潜力的同学和开展具有较高技术含量的科技创新活动，培养受教育者具备良好的科学素养和科研意识。同时，爱科工作室利用假期定期举行面向全校同学的专业技术义务培训班以及 LINUX 相关技术义务培训。为全校科技爱好者们提供良好的接触最新科技的机会，通过手把手的实训，让参与者能迅速地入门，并且极大地激发了参与者的兴趣，涌现了一批综合素质高、创新能力强、发展潜力大的优秀学子，产生了一批以展现原始创新能力为主要特色的科研成果，极大展现了信息技术人才的个性化发展特征。

四、人才的综合素质培养方法

（一）丰富教学内容

针对普遍存在的教学重理论轻实践、受教育者学习重分数轻动手的现象，我们应该以大学生课外科技活动和学科竞赛为载体，开展丰富多彩的科技创新活动，营造科技创新氛围，重点培养受教育者“发现问题，提出问题和解决问题”的能力。通过对受教育者“创新标兵”的评选树立榜样，进行形式多样的宣传教育，激发受教育者的热情，引领和激励每一个同学参与科技创新活动的积极性、主动性和创新性。并将其纳入培养计划，有制度保障、有资金投入、有场地保证、有优秀的师资指导，以大学生实践与科研创新中心、创新成果和创新源泉为聚集地。扩大学生科技创新立项项目的覆盖面和受益面，多方面筹集经费，支持大学生课外科技创新，受教育者的科技创新能力、竞争意识和竞争能力也能得到不断增强。

我们以毕业设计环节为例，毕业设计是对受教育者大学四年理论和实践知识学习的综合检验，它培养受教育者正确的设计思想、强化工程意识、锻炼理论联系实际的能力、形成良好的协作精神和创新意识、提高综合实践水平，使受教育者“发现问题、提出问题、解决问题”的三大能力通过毕业设计进行综合运用并实现系统性培养，在解决实际问题的实践过程中学会应用知识去实现预期目标。通过依托学科科研优势、强化过程管理等方式加强毕业设计的建设与管理，毕业设计选题均须经过学科专业、学院以及学校的审查。受教育者的毕业设计必须每人一题，受教育者应该直接参与导师对课题的选择和制定，并在老师的指导下独立完成。要求选题要从信息学科的培养目标出发，与科研和生产实际相结合，体现出对受教育者的综合培养和训练的目标。为促进毕业设计（论文）与实际相结合，可以采取直接来源于指导教师的科研项目、毕业实习单位的生产实际、实验室建设项目以及大学生自选的创新项目课题等方式提高课题与实际结合的程度。创造条件让受教育者到科研院所、企事业单位做毕业设计（论文），让更多的毕业设计（论文）与科研和生产实际相结合。

（二）改进教学手段

教学手段是师生教学相互传递信息的工具、媒体或设备。随着科学技术的发展，教学手段经历了口头语言、文字和书籍、印刷教材、电子视听设备和多媒体网络技术等五个使用阶段；教学手段是只在教学过程中所运用的教具等，包括现代教学手段和传统教学手段，像幻灯片、收录机、小黑板、多媒体、实物展示台等；教学手段是传递教学信息的媒体和教学的辅助用具，它包括从学校产生以来在教学中逐步采用的黑板、粉笔等一般化教学手段；另外包括从19世纪末以来在教学中运用的以电力提供动力或能源的电教媒体以及附带地承载着教学信息的电教软件，即现代化教学手段。

现代化教学手段是与传统教学手段相对而言的。传统教学手段主要指一部教科书、一支粉笔、一块黑板、几副历史挂图等；现代化教学手段是指各种电化教育器材和教材，即把幻灯机、投影仪、录音机、录像机、电视机、电影机、VCD机、DVD机、计算机等搬入课堂，作为直观教具应用于各学科教学领域。因利用声、光、电等现代化科学技术辅助教学，又称为“电化教学”。

1. 提高学习兴趣，促进积极思维

信息学科大学生的心理特征之一就是具有较强烈的好奇心，形象思维发达是他们在校期间的思维特点。现代化和信息化的教学手段融声音、光色、情景于一体，视听并举，动静兼备，改变了以往传统的以教师口授作为传播信息的教学方法，把教科书中死的知识变成活的知识，这容易吸引他们的注意力，能激发他们的学习兴趣。兴趣是非智力因素中最活跃的成分，是学习主动性的源泉，也是启发积极思维的动力。使大学生在积极思维和表述中进行综合、对比、概括、分析、想象、联想、评价，对于开发智力，培养思维能力、表达能力和创新能力是极为有利的。

2. 扩大课堂知识容量，开阔课堂教学眼界

我们正处在“知识爆炸”的时代，随着人类信息社会的不断进步，信息科学技术的不断发展，知识和信息的总量在急剧增加。如何在有限的课堂教学时

间（40 分钟或 45 分钟）内扩大知识的信息量，提高课堂教学效率，是信息技术人才培养教学改革的重要内容。运用现代化和信息化的教学手段，教师上课前将教学目标、板书设计、地图、图片等制成胶片、录像带或光盘，在课堂上配合教学进行展示，这样做既节省了时间，又可以适当补充一些与教材有关的知识，大大丰富了课堂教学内容，开阔了广大学生的眼界。

3. 减轻记忆负担

现代电化教具以其载负的图形信息比文字叙述更加简洁、鲜明、形象的特点，使其更具有概括性、生动性和真实性，将那些受教育者原来难以想象的信息技术知识变得真实可信和形象化。教育心理学研究表明，视听并行是提高广大学生学习效率的最佳途径。运用现代化教学手段，调动受教育者的感官，加深受教育者对所学信息技术知识的印象，提高记忆的效果和质量，让受教育者最大限度地、全面地掌握信息技术知识的特点，引导受教育者将感性知识与抽象思维相结合，在最短的时间内理解信息，记忆知识。

通过持续地对教学手段和课程内容深化改革创新，可以不断提高对大学生创新实践能力培养的创新教学水平。在加强实践和实训基地建设的基础上，充分利用学科专业优势，整合教学资源，组建校内信息类实践基地，建立一批稳定的校外实践实训基地：构建分层次、系统化的创新实践教学体系，不断改革创新实践教学内容与方法。

建立大学生创新实践基地也是新的教学手段改革途径之一。基地的建成有利于鼓励并创造条件使受教育者尽早参与科研创新活动。学校在实践教学内容体系改革中注重将科学研究思维训练和科学研究方法训练融入实践教学中，通过适当减少验证性实验，增设综合性、设计性、创新性实验，完善创新实践教学体系，促进受教育者综合运用知识能力的提高。

（三）提高人文素质

大学生的综合素质包括道德素质、文化素质、专业素质和身心素质四个方面，知识经济和信息时代对此具有很高的要求。而无论哪一个方面的教育都离不开人文精神的支撑和培养。

首先，人文精神是提高大学生道德素质的基础。大学教育的根本目的是“人才培养”，是培养高素质的毕业生和负责任的公民。大学教育不仅要培养受教育者做事的能力，更要教育他们学会做人。仅仅教给他们实用知识，仅仅为他们提供就业准备，是难以保证受教育者进入社会后既有人性又有灵性、既有道德责任感又有社会义务感的。人文精神的培育能使他们的责任感得到培养，心灵得以升华，使精神境界纯洁而神圣，个性人格健康而完善。因为人文精神体现了人类对美好生活的追求、对美好未来的憧憬和向善、求真、求美的统一，可以给他们许多直接或间接的人生经验、人生哲理，帮助他们了解自我、了解国家、了解世界。

其次，人文精神是大学生文化素质提升的主要环节。文化素质包括科学素质和人文素质。人文精神与科技教育相交融，可缓解高科技对人性的扭曲，体现现代科学理性和科技伦理的结合，使大学生在知识能力和情感方面全面发展。在价值观念上，人文教育与科学教育并举，能使受教育者降低科技工具理性的种种不良反应；在培养目标上，人文精神与科学教育统一，一方面提升了大学生的人性境界，另一方面提高了大学生的人力水准，并使两者融为一体；在学习内容上，人文精神与科学教育融合，一方面使受教育者掌握知识经济时代必备的科学知识，另一方面培养受教育者在现代性的危机中的人文关怀情操。

再次，人文精神是大学生形成良好专业素质的航标。良好的专业素质是大学生成人的必要条件，而人文精神能从研究方法、治学态度和研究方向三个方面对大学生的专业素质产生影响。研究方法和治学态度反映一个人的宇宙观、价值观及哲学素养，研究方向则反映鉴识能力。

最后，人文精神教育可以帮助大学生形成健全的心理素质。近代以来，由于科学技术愈演愈烈的学科分化、扩张趋势，人文学科的领地日渐狭窄；学问普遍的科学化倾向和功利化，使人文学科的地位进一步下降；重视培养专业人才的教育体制，人为地造成了科学与人文之间的疏远和隔绝。在这种背景下，从大学培养出来的人中，有很多人心理素质差，社会适应能力弱，对人类的终极价值缺乏思考，对宇宙、自然缺乏敬畏，残害动物、损害同类甚至摧残自己，这样的事时有发生。

发挥人文精神在疏导心理、重视人性、完善人格方面的作用，可以帮助他们寻找失落的精神家园，在日趋激烈的社会竞争中形成健全的心理素质，成为既有生活目标和审美情趣又能创造并热爱生活的人。

（四）调整师生关系

自古以来，在教学活动中，承担知识的传授任务的教师与以知识的获得为目的的受教育者一直保持着和谐稳定的关系。受教育者在教师指导下，掌握知识和技能、培养能力、形成良好思想品德。师生双方在一个共同目标指引下凭借教育教学手段，有效地完成任务。

然而社会科技的迅猛发展和课程改革的需要不仅对人才的需求种类与程度发生了量与质的变化，同时也对教师提出了更高的要求，教师不能够因循守旧，教师要变单纯的知识传授过程为教授受教育者学会学习的过程。教师要重组教材，构建适合自身特点的教学新体系，要寻找和运用新且有效的教学方法、针对性强而有实效的育人方法。这就离不开教师的创造力，教师的创新能力越强，驾驭教材与课堂的效果也就越好，其教育教学的效果也就越佳，具备创新能力是一名优秀教师必备的品质。然而，如何创新、创新到什么程度，是教师长期的丰富的教育教学实践的积淀，也是教师对课改运作和理性思考的产物。

我们的教师在理论上有很多的积淀，也积累了相当多的实践经验，但是始终困扰我们的是如何区分“渔”和“鱼”的关系。我们当前要阐述的是在后信息化时代受教育者综合素质的培养，它具有和以往不同的特质，是一种由单一向多元的更为立体的全方位创新品质，这就需要我们教师重新思考，如何指导和培养我们的受教育者具有良好的素质。当然受教育者也要主动学习、积极思考，结合自身的实际逐渐完善和提高以符合社会需求为目标的综合素质。

教师在教育受教育者的同时，也同样在寻找自身的生长点，社会的进步和基础教育的课改对教师的素质提出了相当高的要求，要求教师具备较强的综合素质，要求教师是一名文理兼备的复合型人才。教师要适应形势的发展就必须要找到自己的最佳生长点，促使自己快速提高综合素质，满足课改的需要。

当然，师生在教育过程中相互尊重、共同成长的民主平等关系是后信息化时代师生关系的又一主要特征。师生双方在教学时相互合作、愉快互动，使受教育者在快乐中接受知识、提高学业成绩。教师愉悦地完成教学任务，实现自我提升，这是高等教育改革中对师生关系提出的新要求，也是师生关系的最高境界。

五、人才的综合素质培养实践

（一）能力与素质相结合

作为培养信息技术人才的摇篮，我国高校始终积极探索建立和健全完善信息类创新人才的培养模式，在信息类人才培养的教学理念和管理机制等方面不断进行创新，努力形成有利于多样化创新人才成长的培养体系，以满足和适应国家对信息通信技术领域复合型拔尖创新人才和高层次应用型人才不断增长的需求。

（二）目标与需求相结合

由于信息技术行业本身发展的特点，使得社会对信息技术人才的要求越来越综合化和高水准化，其中，具有较强的实践动手能力这一目标要求，成为后信息化时代信息技术人才培养区别于其他学科人才培养的主要特征。此类高校应根据后信息化时代的创新实践人才培养要求，在实践创新基地建设和大学生创新实践能力培养方面下大功夫，应当有效采取一系列教学改革方案和保障措施，逐步建立完善较为系统的后信息化时代通信人才创新素质的培养机制。

信息学科要重视人才的培养，要求受教育者应该具备“人无我有，人有我精，人精我特”的素质。只有这样，受教育者才能为社会、为国家的经济建设服务。如何培养质量高、竞争力强的受教育者一直是学校应该探索的目标和方向，学校也应把培养“创新能力强，发展潜力大，综合素质高”的信息社会精英作为人才培养目标。

信息技术人才创新培养基地要坚持人才培养与国家经济社会发展紧密结合，始终适应和满足通信网络运营企业、通信设备制造企业、通信技术应用部门以及通信标准化组织的需求和发展趋势，坚持“立足传统、发挥优势、带动全局”的方针，培养受教育者掌握通信技术、通信系统、通信网络以及计算机通信等方面的基本理论和系统专业知识，具备在通信与信息工程技术领域有较强的独立工作、开拓创新、技术管理的能力以及进一步发展的潜力，能够在通信与信息领域中从事科学研究、工程设计、设备制造、网络运维、技术管理以及在国民经济各部门和国防部门从事通信技术与设备开发、应用的高级工程技术人才和管理人才。

（三）抓好课外实践教育

《中华人民共和国高等教育法》明确规定：“高等教育的任务是培养具有创新精神和实践能力的高级专门人才。”高等教育要重视培养大学生的创新能力和实践能力，普遍提高大学生的人文素养和科学精神。后信息化时代信息技术人才“创新实践能力培养模式”需要坚持“课内与课外结合，理论与实践结合”。

1. 课外实践教育的方法

学校应着重加强受教育者科技创新活动的管理工作，建立大学生科技创新活动导师制，把受教育者科技创新活动纳入年度工作考核目标体系，应该与奖学金评定、优秀受教育者选拔等评比活动挂钩，不断调动主体和个体的积极性。结合学科专业特点，学校也应购置必要的研究设备，分类建立教学实验中心，在保证正常教学的同时，向大学生科技创新活动开放，建立接纳受教育者开展科技创新活动的机制。同时，应该认识到，有效的激励机制是大学生科技创新活动持续发展的重要动力，学校的大学生科技创新中心要制定一些促进科技创新活动健康发展的相关政策。

大学生实践教育活动是对大学生课堂外交往行动能力和综合教育体系进行探索的一种有效途径。作为交往行动和综合素质实践性教育环节全新形式的一种尝试，大学生实践教育活动就是将高校教学计划中的认识实习、生产实习与大学生思想政治教育、综合素质教育、创新能力培养、以“奉献社会，增长才干”为主旨的大学生暑期社会实践活动、社会教育以及就业与发展教育融为一体；组织大学生在校期间走出课堂，走进企业，走向社会，掌握我国通信企业的最新技术和发展状况，捕获所学专业的前沿信息，努力成为有理想有抱负的国家和社会所需要的优质人才。在与企业生产经营活动和人民生产生活相结合的实践过程中，提高人才效益和社会效益。

2. 课外实践教育的意义

①从受教育者的收获来看，主要有四个方面。

一是参加实践教育的同学进一步明确了专业学习的目标。受教育者通过在不同岗位的实践，感受到无论是客服运维还是市场拓展，都离不开扎实的专业基础。

二是在实践中提高了专业知识的应用能力。最突出的是，许多同学在实践中深刻感悟到实践教育帮助他们将书本上的知识有形化和具体化了，原理的应用也找到了具体的对象。

三是形成了对现代通信企业更加全面和客观的认识（受教育者不再盲目地羡慕企业员工优越的工作环境和高层次的收入，而是在这些光环的背后对现代通信企业的运作模式和运行规律较以往有了更加客观的认识，理性的择业观产生）。

四是提高了社会生存能力和社会适应能力（通过实践锻炼，与人沟通的意识得到增强，与人交往的能力得到提高）。

②从带队教师来看，主要有三个方面。

一是对教学工作的方式方法有了新的认识。企业所提供的专业培训，信息量大，针对性强，内容丰富。可以说，书教得好、科研做得好，不一定是优秀的教师。一个优秀的老师应该是一专多能的。

二是对科研工作与企业生产经营活动相结合有了新的认识。通过实践教育，以往闷头搞科研的专业指导教师了解企业生产经营状况和产品研发方向，并和企业相关部门建立密切的联系，为项目研究和合作奠定基础，切身感到科研工作与企业发展实际相结合的重要性。

三是对教育者管理工作的目标和要求有了新的认识。应该说，实践教育推动了受教育者课外的专业实践和社会实践活动与教育教学工作实践环节的同步规划，同时也使教育者工作不再仅仅停留在为教育教学工作提供秩序保障的层面上，而是要将活动的目标、步骤和标准按照教育教学工作的要求进行对接融合，在真正意义上实现了教育者工作由管理向服务的转变。

③从企业的评价来看，主要有两个方面。

一方面增强了对高校人才培养的信心。参加实践教育活动的同学，风雨来雨里去，严守企业纪律，主动参与企业生产经营活动，得到了企业的高度评价，充分说明了学生群体（受教育者）的可塑性强，素质高的特点。

另一方面通过实践教育，校企双方实现了密切联系，增进了理解，拓宽了合作的领域。

3. 课外实践教育的目的要求

实践教育工作的主体和对象是受教育者，开展实践教育工作的目的就在于培养综合素质高、发展潜力大、创新能力强的适应通信与信息领域发展要求的人才。因此，实践教育工作项目的选择和设计，必须体现两个方面的要求：一方面，既要符合教育教学目标，也要针对受教育者专业学习的具体情况。由于专业差异和年级区别，在同一企业内受教育者所表现出来的对企业的兴奋度和对专业技能的掌握程度是不尽相同的；另一方面，实践教育工作必须要体现专业性的要求，既要在实践过程中检验所学理论知识，也要让受教育者尽可能多地接触到专业领域中的前沿信息和最新的技术。此外，还需要加强专业指导力量，配备优秀的专业指导教师，以保证专业知识在实践运用过程中的质量和方向。

对于新时代的信息人才来说，实践经验是用人单位急需和各受重视的学习经历。实践教育的实施在很大程度上依赖于各地电信公司、移动公司、联通公司、网通公司以及广电企业等友好单位的大力支持，为学校提供了许多便利和优厚的条件。这不仅需要学校具备良好的办学声誉和双方稳定的合作关系，更体现了企业对吸纳学校培养的通信和信息技术人才的强烈需求。但随着通信与信息技术更新换代步伐的加快，他们迫切地希望学校培养出更多的能够适应这种发展要求的研究型和应用型人才。实践教育在整合利用社会企业优势教育资源的同时，搭建起了沟通学校人才培养和企业用人需求的平台，有助于师生掌握通信与信息技术发展的趋势，及时调整自身专业教学的重点和内容，必然对学校深化教育教学改革的各项工作起到积极的促进作用。

（四）依托信息行业优势，构建交往行动培养环境

1. 校企共建实践教育基地

按照人才培养的全面发展理论要求，高校应将培养具有科技创新能力和实践能力的大学生作为责任和使命，把培养复合型人才与经济发展和社会进步紧密结合起来，为信息行业的进步源源不断地输送人才，以满足当今世界对高素质、高技术人才的需求，努力实现科教兴国的伟大目标。

专业人才培养的科研工程训练过程充分发挥高水平科研优势，实现教学与科研良性互动，科研促进教学成效明显。依托学科、师资力量、实验条件和科研成果，推动专业建设和课程建设，将科研成果转化为教学内容，开设高等院校教学实验课程，促进了教学改革和教材建设；高水平的科研活动改善和更新了教师的知识结构，活跃了教学思想和教学方法；各类重点实验室和科研基地的人才、设备、项目资源支持高校教学，促进了高校教学条件的改善；科研平台为受教育者创新精神与实践能力的培养提供了条件。

2. 走出课堂、走进企业、走向社会

采用“走出课堂，走进企业，走向社会”的培养模式，实施产学研协同创新培养计划，组织受教育者到校外基地实习、进行毕业设计，让受教育者充分接触生产一线，把受教育者的创业创新训练与解决实际问题能力紧密联系起来，达到培养受教育者与社会的沟通能力以及分析和解决实际问题的能力，同时为受教育者提供实践场所和就业渠道，实现课堂与实践零距离、受教育者与岗位零距离，使受教育者的实践能力和创业创新训练真正落到实处。

3. 信息学科专业教师

近年来，受到教学条件和师资状况等因素的制约，受教育者的教学实践活动几乎是分散的，主要是由于受教育者凭学校的介绍信自行到企业联系实践机会，缺乏统一的安排和计划，而企业由于生产任务的繁重，对于零散的实践活动难以进行有针对性的指导和专门的管理，造成实践效果差强人意。企业、高校和受教育者都迫切需要一种相对固定的实践形式以及相应的配套政策。教师已经长期疏于进行集中的实践性教育活动。因此，教师内心始终对企业能否给

予此次活动热情支持、积极配合，对受教育者能否认真对待、积极参与等充满着疑问和担心，更对自己长期停留在书本和课堂，而没有零距离感受企业的发展变化情况，对行业前沿知晓甚少而惴惴不安。实践教育可以为专业教师提供难得的学习和锻炼的平台，他们通过企业领导的寄语、企业方面培养员工的方向看到了受教育者的培养方面的发展趋势，认识到从市场、企业需求来思考受教育者的培养目标的重要性，必须为培养合格的复合型人才、满足社会需求而努力。

在教师看来，企业应该综合考虑不同年级受教育者的特点，精心策划，设计科学合理的实践教学计划，并共同监督整个实践过程。通过邀请公司内训师或骨干为受教育者进行授课培训和讲座，使受教育者了解通信基础知识；通过认识性参观和下基层跟班组实习体验，受教育者还可以了解企业文化、企业的敬业精神、客户服务理念、营销和人际沟通技巧等课堂上所学不到的知识。

实践教育活动可以增加学校与就业单位的联系与沟通，使企业对受教育者的了解较短短的面试更为真实和全面，尤其是通过一些基层实践，对实习同学的学习态度、工作态度、理解能力、意志品质等综合素质都能够具有一个客观的认识和判断。

参考文献

[1] 齐爱民．大数据时代个人信息保护法国际比较研究 [M]．北京：法律出版社，2015．

[2] 雷万云．信息安全保卫战：企业信息安全建设策略与实践 [M]．北京：清华大学出版社，2013．

[3] 李超民．大学生网瘾的协同治理研究 [M]．北京：人民出版社，2013．

[4] 林玉香．网络安全法下信息安全专业课程群建设初探 [J]．福建电脑，2017，33（7）．

[5] 王宏旭，向文欣．“互联网 +”背景下的信息安全与管理专业人才培养模式研究与探索 [J]．教育教学论坛，2017（26）．

[6] 唐宏．以企业为主导的高职信息安全与管理专业人才培养模式探索 [J]．西部素质教育，2017，3（15）．

[7] 王德鹏．基于信息安全课程的课程考核方法研究 [J]．福建电脑，2017，33（9）．

[8] 王晓龙，王亚伟，朱坤，等．浅谈现代化信息安全实验室的建设 [J]．信息化建设，2015（9）．

[9] 闫丽丽，昌燕，张仕斌．信息安全专业课程体系改革和探讨 [J]．高教学刊，2015（20）．

[10] 葛斌，张友能，石文兵．新形势下高校信息安全专业教学改革探讨 [J]．通化师范学院学报，2015（8）．

[11] 李强，王尊博．大数据时代高校学生管理工作的挑战与对策分析 [J]．江苏科技信息，2016（33）．

[12] 綦科，谢冬青，熊伟．信息隐藏在信息安全技术课程中教学和实验内容设置的研究 [J]．科技视界，2016（2）．